本书受到湖北省自然科学基金项目“虚拟地理学视角下公共文化空间知识生产应用研究（2022CFC005）”、湖北省教育厅哲学社会科学研究项目“在线旅游个性化推荐作用机制与过程研究（20Q126）”的支持。

“比你更懂你”

在线旅游个性化推荐方案及策略研究

Know You Better Than Yourself:

Research on Personalized Recommendation Scheme and Strategy of Online Tourism

王晓倩 著

西安交通大学出版社
XI'AN JIAOTONG UNIVERSITY PRESS

图书在版编目(CIP)数据

“比你更懂你”在线旅游个性化推荐方案及策略研究＝Know You Better Than Yourself：Research on Personalized Recommendation Scheme and Strategy of Online Tourism：汉文、英文 / 王晓倩著. — 西安 ：西安交通大学出版社，2024.3

ISBN 978-7-5693-3435-7

Ⅰ. ①比… Ⅱ. ①王… Ⅲ. ①互联网络—应用—旅游业发展—研究—中国—汉、英 Ⅳ. ①F592.3

中国国家版本馆 CIP 数据核字(2023)第 185586 号

“比你更懂你”在线旅游个性化推荐方案及策略研究

“BINI GENG DONGNI”ZAIXIAN LÜYOU GEXINGHUA TUIJIAN FANG'AN JI CELÜE YANJIU

著　　者　王晓倩
责任编辑　牛瑞鑫
责任校对　魏　萍
封面设计　任加盟

出版发行　西安交通大学出版社
（西安市兴庆南路 1 号　邮政编码 710048）
网　　址　http://www.xjtupress.com
电　　话　(029)82668357　82667874(市场营销中心)
(029)82668315(总编办)
传　　真　(029)82668280
印　　刷　陕西思维印务有限公司

开　　本　700mm×1000mm　1/16　**印张** 9.75　**字数** 180 千字
版次印次　2024 年 3 月第 1 版　2024 年 3 月第 1 次印刷
书　　号　ISBN 978-7-5693-3435-7
定　　价　88.00 元

如发现印装质量问题，请与本社市场营销中心联系。
订购热线：(029)82665248　(029)82667874
投稿热线：(029)82665371

前　言

自尼古拉斯·尼葛洛庞帝(Nicholas Negroponte)在1995年出版的《数字化生存》中提出“人类已经进入数字化生存时代”后，比特(bit)作为“信息时代”的DNA，开始迅速取代原子成为人类社会的基本要素。人们借助数字化摆脱了时间、空间的束缚，感受到前所未有的变化。人类社会的信息获取方式、商业逻辑及价值创造等，似乎都在被重新定义。

与此同时，中国经济发展模式也已发生重构，传统重度依赖自然资源谋发展的投资型经济驱动模式逐渐被依赖人力资源与知识创新的消费型驱动模式替代。旅游业作为第三产业中的“朝阳产业”，其经济地位被不断夯实，旅游活动也因此成为人们日常休闲的重要选择。

因此，旅游研究学者要更加关注，旅游业作为一个信息敏感性产业，应如何在数字化生存的管理重构中持续发展。在这样的思考下，在线旅游(Online Tourism)成为一个重要抓手。现有相关研究更多关注在线旅游所引发的市场活力，以及带来的生产生活方式的变革。本书作者希望以旅游管理学科视角，来探讨如何深度挖掘数字化生存态势背后的旅游商业价值与服务价值，从关注规模与效率转向关注灵活性、敏捷性与用户友好。本书研究内容主要包括以下三个方面。第一，明确在规模发展中，在线旅游行为所产生的诸如获取旅游信息、预订旅游产品、发表旅游评论、分享旅游经历等一系列行为数据具有极大的商业价值与服务价值。第二，探讨如何深度有效地挖掘用户行为自然生成数据中的有用信息，为在线旅游企业和在线旅游用户服务，从而不断加强旅游产品及服务的供需匹配，促进高品质个性化产品及服务的更新迭代。第三，提出个性化推荐这一技术解决方案，详细介绍方案的设计、搭建与实施，并最终进行了方案改进与效果评估。

在本书完稿之时，回首这趟艰辛却温暖的写作历程，衷心感谢我的研究对象们贡献的行为智慧。在这个数字化生存时代里，没有旁观者，希望本书能帮助广大读者持续、发展地理解我们所处的外部环境。由于作者学术水平有限，书中不妥之处在所难免，敬请各位同行和读者不吝批评指正！

王晓倩

二零二四年二月于武汉

目　　录

第1章　数字化与在线旅游

尼古拉斯·尼葛洛庞帝(Nicholas Negroponte)在1995年出版的《数字化生存》中提出，人类已经进入数字化生存时代，比特(bit)作为“信息时代”的DNA，开始迅速取代原子成为人类社会的基本要素。人们借助数字化生存摆脱了时间、空间和原子的束缚，感受到前所未有的变化，包括信息获取方式变化、商业逻辑变化、价值创造变化等，一切似乎都在被重新定义。2017年中国管理模式杰出奖年度主题为“数字化生存与管理重构”，2018年该题目又再次被选定为年度主题，这是走过11届的中国管理模式杰出奖首次连续采用同一主题来尝试发现最佳的管理实践。这种数字化生存代表的是一种新的生活方式和生活态度。在这个不断变化的时代，没有旁观者。为了更持续、发展地理解外部环境，研究者需要改变思维模式，勇于去故纳新。

与此同时，中国旅游已高速发展三十年有余。时至今日，旅游已成为人们日常闲暇生活的首要选择。2016年6月，在世界经济论坛(达沃斯论坛)的开幕式上，中国总理李克强提到这样的一个观点，如今的中国经济发展模式已然发生重构，传统重度依赖自然资源谋发展的经济驱动模式已逐渐被依赖人力资源与知识创新的驱动模式替代。同时，伴随国民经济不断发展、经济结构不断优化，中国经济增长模式也在不断升级更新，消费驱动不断取代投资驱动，由此，旅游业作为“朝阳产业”的经济地位被不断夯实。在线旅游(online tourism)，即是借力信息技术的进步与互联网时代的来临，因其跨越时空的便捷性与覆盖面广而全的传播性，以势不可挡的姿态引领中国旅游业迈入旅游新时代。旅游业是一个信息敏感性产业(Sheldon P J，1997)，伴随在线旅游产业在国民社会生活中的强势渗透，庞大的在线旅游用户群体已习惯借助在线旅游网络发起诸如获取旅游信息、预订旅游产品、发表旅游评论、分享旅游经历等一系列在线用户行为，由此生成了海量且宝贵的在线旅游用户数据资料，具有极大的商业价值与服务价值。

1.1 数字经济下旅游业发展的新逻辑

党的十九大制定了新时代中国特色社会主义的行动纲领和发展蓝图，提出要建设网络强国、数字中国、智慧社会，推动互联网、大数据、人工智能和实体经济深度融合，发展数字经济、共享经济，培育新增长点，形成新动能。所谓数字经济，研究者多将其定义为基于数字技术的经济形态，可分为基础的核心数字部门和应用的融合经济活动，具有规模经济、范围经济及长尾效应等特征。当前，数字经济与旅游业的融合已成为不可阻挡的时代潮流。如何发挥数字经济对旅游业供给侧改革的引领作用，推动旅游业高质量发展，成为实践界和学术界广泛关注的热门话题。

2016 年，习近平总书记在中央政治局第 16 次集体学习时强调，要“做大做强数字经济，拓展经济发展新空间。”2017 年，党的十九大报告提出要“推动互联网、大数据、人工智能和实体经济深度融合”“提高供给体系质量”。旅游业供给侧改革是通过对旅游资源、技术等关键要素的重新配置有效满足旅游者需求的过程。传统落实旅游业供给侧改革主要依靠旅游资源优势、旅游产品创新、技术创新和应用等途径。然而，种种事例显示，传统供给模式已难以适应旅游者需求的变化。当前，数字经济是“新基建”的重要组成部分，旅游业与之有着天然的适应性，数字经济对旅游业发展逻辑产生了深远影响，成为提升我国旅游业发展质量、推动供给侧改革的“助推器”。

1.1.1 数字经济催生在线旅游高速发展

数字经济时代，技术发展无疑是 21 世纪人类社会经济生活强劲发展的巨大推力之一。随着搜索引擎的优化、计算机便携性的增加及网络基础设施水平的提高，互联网被认为是功能最好、效率最高、成本最低的信息获取渠道(Buhalis et al.，2008)，人们已习惯借助互联网开展信息搜寻的一系列行为。2015 年 3 月，国务院总理李克强在十二届全国人大三次会议上的政府工作报告中首次提出并强调，“制定‘互联网＋’行动计划，推动移动互联网、云计算、大数据、物联网等与现代制造业结合，促进电子商务、工业互联网和互联网金融健康发展，引导互联网企业拓展国际市场。”这一举措代表着国家层面对“互联网＋”行动计划的极大关注，数字经济时代的政策红利源源不断释放。与此同时，伴随数字经济的不断渗透，近年来中国网民数据也出现了大幅增加。据中国互联网络信息中心(CNNIC)第 49 次《中国互联网络发展状况统计报告》显示，截至 2021 年 12 月，我国网民规模达 10.32 亿，较 2020 年

12 月增长 4296 万，互联网普及率达 73.0%。在规模发展中，中国互联网行业的整体价值观也在不断发生变化，由关注规模与效率逐渐转向关注灵活性、敏捷性与用户友好，尤其是移动互联网的广泛普及与应用，推动了网络消费(在线消费)模式不断多元化与智能化。

互联网的不断渗透及网民数据的大幅度增加，为高信息敏感性的在线旅游业发展提供了巨大的契机。“互联网＋旅游”的跨界融合势在必行。互联网可以看作是包含各类旅游信息体系于其中的一个更大的体系(Zheng et al.，2009)，它联系着在线旅游用户与在线旅游供应商、代理商、服务商等多类旅游主体(Pan et al.，2006)。紧抓互联网时代的发展浪潮，在线旅游最早于 20 世纪 90 年代末出现并进入以代理商为主要形式载体的在线旅游消费培育期，如“途牛旅行网”“携程旅行网”等；进入 21 世纪，市场竞争加剧，在线旅游由“培育期”进入“成长期”，在单纯的线上消费基础上，主打垂直搜索功能的在线旅游消费引擎业态出现，如“去哪儿旅行网”帮助用户实现了在线旅游产品及服务的扁平化类比；接下来的另一个十年，到了 2010 年，大量旅游攻略网站及旅游细分产品平台涌入，在线旅游进入细分化与社交化；近年来，在线旅游经历了大规模的整合与重构，旅游活动的内涵与外延不断扩大，旅游产品更多关注的是用户体验与用户友好，在线旅游由此进入重度垂直与个性化定制阶段，旅游大消费时代来临。

伴随在线旅游产品内容多样化、在线旅游服务评价透明化及在线支付方式安全便捷化，通过互联网查询、浏览、预订和消费旅游产品及服务已成为旅游者出行的首要选择。考察在线旅游市场交易规模快速增长的主要原因，可以从用户方与企业方两个视角进行探寻：立足用户方，在线旅游市场交易额主要来自在线旅游者日益丰富的旅游需求；立足企业方，传统航空公司、酒店集团等旅游产业链上游供应商开始出现不断由线下向线上转化的趋势与态度，且市场份额高度集中。同时，在线旅游行业进入创业风口，各类新玩家不断涌现，在线旅游长尾市场需求得以有效利用，共同促进在线旅游市场渗透率日益提升。

1.1.2 数字经济重塑了旅游产业链特征

作为一种典型的服务业态，旅游业发展质量应由旅游者进行定义，其产出好坏的评价标准应以是否能够更好满足旅游者需求为第一要义。旅游者借助数字经济及有关平台表达和定义自己的需求，旅游企业借此可以挖掘、提炼不同旅游者的共性和个性需求，为其精准提供相应的旅游产品和服务，有效地满足旅游者需求。基于此，旅游业发展质量得以重新定义，由自上而下的管理者思维转变为自下而上的市场思维。

数字经济凸显了旅游者的主导地位，削弱了旅行社、旅游景区等传统旅游企业的优势地位。旅游者借助数字经济平台可自主选择和组合旅游资源，通过社区分享、点评等途径可参与，甚至主导旅游产品的创新过程。由此，旅游业供给呈现出以旅游者为中心、需求牵引的典型特征，使旅游产业链上有关企业间的传统合作模式演变成基于旅游者需求的任务型链接。

数字经济与旅游业的深度融合，催生了资源配置的新机制。从资源配置角度来看，距离带来的"空间成本"和"信息成本"造成旅游资源分布与旅游需求间的"空间错位"。数字经济打破了时空的约束，降低了旅游需求与供给双方的沟通成本。旅游供给不再拘泥于特定行政地理空间，不同地区间需求流动效率大大提高，促进了区域融合发展。数字经济改变了旅游产业链的组织结构。以往研究多将旅游产业链看作线性"链式"结构，各环节之间沟通成本高，运作效率低下，旅游者满意度不高。数字经济推动旅游产业链演变为"网状"结构，凸显了围绕旅游者需求的跨层次、交叉性融合。

数字经济下，"梅特卡夫法则"成为旅游业发展的动力源之一，其表明了互联网的整体价值与网络节点数量的平方成正比的边际效应递增规律。随着海量数据的积累，数字经济成为引领旅游业变革的重要力量。旅游业被赋予了全新的"连通性"，引起价值创造体系的改变，使供需双方均能获得规模经济和范围经济的好处。如此反复，实现了旅游供需双方的帕累托改进，不断突破传统生产能力的约束，催生了"梅特卡夫法则"下的乘数效应。

1.1.3 数字经济优化了旅游产业链运营

数字经济强化了旅游产品和服务的价值共创。价值共创是参与主体通过资源整合与服务交换共同创造价值的动态过程。数字经济赋予旅游者和旅游企业广泛的数字化创新能力。对于旅游者而言，旅游者融入过程是一个在旅游产品搜寻、购买与分享体验过程中所形成的价值共创的动态迭代过程，大量的用户生成内容成为旅游业价值共创的重要渠道和路径。对于旅游企业而言，数字经济不仅成为其高效的旅游产品和服务销售、推广渠道，而且为其提供了丰富、及时的旅游需求信息，以及与旅游者、其他旅游企业互动、合作的渠道和途径。由此，数字经济使得旅游者和旅游企业在发挥个体力量的同时，形成强大的群体性力量，改变和重构了旅游产品和服务价值共创的互动环境。

数字经济改变了旅游产品创新机制。与其他产品不同，旅游产品具有无形性、异地性和复杂性的特征，这对旅游业的动态匹配和敏捷响应提出了更高的要求。随着我国旅游需求“模仿型排浪式”特征逐渐减弱，旅游者需求的多样性和复杂性加剧了旅游产品创新的不确定性，供给主导产品创新模式不再适用。数字经济凸显了旅游者需求主导的价值共创模式的重要性，旅游产品创新也愈益依赖于旅游者的参与和融入。

数字经济促进了旅游产品生产的模块化转型。数字化重构了旅游业分工体系，业务模块化成为旅游业新的结构本质。模块化是指将复杂系统解构成具有独立功能的多个组成部分的过程。理论上，根据数字经济的长尾效应，任何微小旅游需求都可能成为一个独立的细分市场，且该需求会快速地被旅游企业识别，并通过“模块联系规则”实现更大范围内的价值共享和共创。这大大降低了旅游个性化、定制化服务的成本，充分释放了旅游业价值创造能力，成为旅游业发展演进的新趋向。

1.2　体验经济下在线旅游的新机遇

1.2.1　在线旅游的非标时代到来

无论未来世界如何变化，市场都将在变化中展现自己的逻辑，那就是更有效率，更有价值。未来企业将逐渐将焦点由关注规模、标准化与权力转向关注灵活性、敏捷性、个性化与用户友好。整个人类社会在经历了农业经济、工业经济和服务经济阶段之后，终究迈向了第四个经济生活发展阶段——体验经济。体验经济强调用户的概念，以用户需求或偏好为中心，对于旅游行业，即是旅游者通过旅游产品及服务获取高质量旅游体验。这一体验过程是旅游者心理与旅游对象相互作用的结果，是旅游者以追求身心自由为目标的自主行为。而伴随旅游者自身旅游经验与认知的不断丰富与强化，旅游者在旅游过程中表达出的这种自主意识与自主能力将会增强，这也就对在线旅游企业(包括旅游供应商、代理商、服务商等)提供的旅游产品及服务提出了更高的要求。

回顾中国已高速发展15年有余的在线旅游业态，“盈利”两字是唯一可以证明在线旅游业态存在最终价值的固定标准。如今整个旅游市场是一片红海，从传统线下旅游到OTA(Online Travel Agent)在线旅游激斗，“价格战”的风云变幻已成历史，持续多年的疯狂烧钱冲流量模式消失殆尽，伴随各类并购整合，在线旅游第一阶段混战落下帷幕。遭遇资本寒冬，表象融资不利，实则在产业链上没有能创造出真正价值的在线旅游企业难以为继。最终，携程旅行网取得了"独步江湖"的市场地位，OTA巨头市场份额高度集中，标志在线旅游标品时代结束。

足够大体量的旅游行业决定了在线旅游市场没有绝对的红海，只要经过细分垂直化，才会有一片广阔的天空。整合是持续的常态过程，标品时代的结束就是非标时代的到来。非标服务是在线旅游行业新的创业契机，机会主要集中在细分领域。巨头主打标准化及效率；那么新玩家应主攻个性化。因此，瞄准在线旅游行业有潜力的细分市场，强调用户体验，聚拢用户需求，培育独特竞争优势并具备持续盈利能力将是未来在线旅游新业态。

1.2.2 在线旅游的平台赋能效应

2019年，《国务院办公厅关于促进平台经济规范健康发展的指导意见》(国办发〔2019〕38号)明确指出，要聚焦平台经济发展面临的突出问题顺势而为，促进平台经济规范健康发展。平台经济是一种基于数字平台的各种经济关系的总称，作为生产力新的组织方式，平台经济已逐渐成为经济发展的新动能。在线旅游平台是平台经济的重要组成部分，近年来已成为互联网旅游行业的盈利点。

中国在线旅游平台起步于20世纪末21世纪初。1998年华夏旅游网成功创办，标志着中国在线旅游的雏形初具；其后，携程旅行网和艺龙旅行网均在1999年成立，标志着中国在线旅游开始萌芽；21世纪初，在线旅游平台开始蓬勃发展。同时，在线旅游平台中文旅企业、文旅消费者和政府作为核心参与主体，借助金融等第三方机构拓展服务功能，目前已发展出包含旅游资源运营的一站式综合服务平台、出行平台、预定平台等，共同促进文化和旅游相关要素的有序流动，并最终创造和提升了文化旅游价值。其中，在线旅游平台的价值主要依靠现代数字技术得以更好更快实现。数字技术通过衍生出一批新产业、新模式、新业态实现了在线旅游产业的改造和提升。可以说，在线旅游平台的搭建不仅能够提升文旅产业的价值链和产业链，而且能够促进文旅产业与其他产业的融合发展。

在线旅游平台作为一种新兴的信息传播媒介和营销方式，对在线旅游产业的赋能效应主要体现在供给、需求和治理三个层面。

(1)智慧化供给能力显著增强

在供给层面，一方面，在线旅游平台是由众多旅游企业逐步向平台端布局与拓展形成的新模式，能够为用户提供更加自主、实时、精准的旅行服务，是一系列能够满足旅游管理智能化、服务主动化、旅游个性化等需求的智慧旅游平台，如旅游出行服务平台、境外旅游平台、酒店预定平台、主题乐园服务平台、旅游攻略平台、旅游分享平台、民宿短租平台等。另一方面，在线旅游平台与旅游产业新业态新模式等有效结合，提升了旅游产业的科技含量和服务质量，成为旅游产业高质量发展的动力，如与智慧旅游、云旅游、体验游、沉浸式旅游场景、线上数字化体验等旅游新业态结合，提升了旅游产业有效供给水平，开拓了旅游产业融合发展新空间。在线旅游平台连通商家和游客，以不断升级的需求牵引供给，帮助供应商增强自身产品的多样性与差异性，助推旅游产业的结构调整和发展转型。

(2)有效满足个性化旅游需求

在线旅游平台优化了旅游供需对接，提升了旅游产品和旅游营销的个性化程度，尤其是随着线上娱乐消费模式兴起，游客在吃住行游购娱等环节的行为和体验需求发生了根本性变化，消费主体增加、消费模式创新、消费维度拓展、消费空间延伸。在这个过程中，在线旅游平台对商家和消费者双方资源的整合既能够满足旅游行为全过程的需求，如了解旅游产品及服务、制定并实施旅游计划、分享旅游体验等，又能丰富消费者的选择。从市场环境来看，在线旅游平台为商家开拓出更广阔的市场。在线旅游平台不断拓展游客的体验内容、方式和质量，这将进一步改变游客的行为和体验认知，促进以高质量供给创造需求，最终实现以满足个性化旅游需求达到拓展新消费增长点的目的。

(3)充分提升数字化治理效能

随着平台的社会性和信息枢纽性越来越强，在线旅游平台对社会公共利益的影响也越来越大。管理部门利用旅游产业运行的大数据，更易识别差异化与个性化的公共服务需求，从而提升公共服务效率和数字化治理能力，如管理部门依托游客消费行为和特征，基于大数据分析为游客提供更周到的营销服务。

1.2.3 在线旅游的海量信息处理

互联网时代带来了信息爆炸。过去一百年里，普通人类大脑里一生所能积累的信息量，如今大体只相当于华尔街日报一周报道的信息量。在这样的互联网时代下，海量信息不仅可以通过互联网得到广泛的传播，也可通过大数据技术得到更为有效的应用，包括由海量信息生成数据的存储、采集与挖掘。在互联网逐渐步入大数据时代后，不可避免地给企业及消费者行为带来一系列改变与重塑。消费者不断地被新奇的购买与消费方式吸引，企业也必须不断地创新或被迫模仿。在大数据时代下，在线消费由始至终的行为过程可被全部记录，在企业面前，消费者行为趋于透明。因此，在经历了 2012

年、2013年"大数据"的热炒之后，商界逐渐冷静下来，将对"大数据"自身的关注逐渐转向如何利用"大数据技术"挖掘可能存在的商业价值，如何将"大数据技术"实实在在地运用到企业的管理经营之中。伴随着近几年各种视角的热烈探讨，个性化推荐模式最终被提出并成为"大数据应用"的一个重要落脚点。对于旅游行业来说，突然出现的挑战不仅是迅速的，而且是具有颠覆性的。

在线旅游网站上各种精彩纷呈的旅游产品信息毫无疑问将吸引大量访客，但同时过量的信息也会造成在线旅游用户越来越难以作出消费决策。有时仅仅某一特定旅游主题板块下就存在近千种在线旅游产品及服务，因此在线旅游用户很难从这些海量产品及服务中轻松获取自己感兴趣的内容。另一方面，大量少人问津的产品及服务几乎成为在线旅游平台中的无用信息，极少被用户获取，最终造成了在线旅游用户对在线旅游产品及服务的搜寻过程与体验质量的低效。除此以外，从在线旅游企业角度来看，在线旅游网站自身运营的同时会产生诸多信息，如访客注册成为用户会留下用户基本信息，用户选择并购买旅游产品及服务会生成用户需求信息，用户完成旅游体验进行订单评价会产生用户偏好信息等。由此就存在旅游产品与用户之间的一种互相选择与契合。当选择精准且契合度高时，在线旅游平台可实现最有效的反馈流程与购货渠道。

因此，如何更有效地利用由用户行为自然生成的数据并挖掘有用信息为在线旅游企业所用，继而向在线旅游用户输出高品质个性化的旅游产品及服务，对于在线旅游产业运作尤为重要。其中一项解决方案便是引入个性化推荐技术方案与手段，其本质是挖掘用户行为偏好，预测用户对未知产品及服务的喜好度，从而建立用户与产品之间的逻辑关联。这一方面可以过滤用户不感兴趣的产品域，另一方面可以提高平台内所有产品被浏览的覆盖率。基于在线旅游用户行为分析，可对已消费旅游产品及服务进行反向标注，聚拢用户偏好，建立相似用户模型，对潜在用户群体的再次消费进行兴趣偏好预测并据此提供个性化推荐。

1.3 个性化推荐促进在线旅游高质量发展

1.3.1 理论契合性

目前，有关在线旅游的学术研究主要集中在在线旅游需求分析与新服务模式与业态下旅游者的满意度研究，对在线旅游用户行为及在线旅游产品的交互影响的研究非常有限，对数据挖掘技术、个性化推荐技术等信息技术的跨学科研究更是凤毛麟角。因此，本研究由在线旅游用户行为过程出发，通过观测用户在线行为所生成的网络日志实时数据，研究在线旅游用户与在线旅游产品及服务供给之间的逻辑关联与交互影响，探究在线旅游由线上到线下的经济效益转化机制，对拓展旅游市场学、行为经济学及心理学的相关研究都具有重要的理论意义。

除此以外，从个性化推荐领域的研究现状来看，相关研究成果主要集中在推荐系统的构建与推荐技术的算法研究，基本属于信息技术学科的研究范畴；从用户行为分析的研究现状来看，相关研究成果主要集中在市场学、情报学、消费者行为学等领域。其中，情报学主要以行为信息检索等技术性研究为主，消费者行为学则偏重心理学角度的解释探讨。这两方面的研究基本不存在重叠与交互。但在现实世界的实际场景中，伴随在线旅游的高速发展与互联网时代信息技术的广泛普及，在线旅游用户行为可借助互联网技术转化为海量信息数据，并对个性化推荐研究提供实际场景下的有效数据支撑。据此，形成了企业管理学科与信息技术学科跨界融合的无限可能，由此进行的跨学科多领域实践研究无疑将带来新理论研究范式的触发与探索。

1.3.2 实践必要性

互联网已成为在线旅游用户搜寻旅游信息、制订旅游计划及反馈旅游体验的重要信息来源及渠道。本研究从在线旅游用户行为出发，一方面通过采集及分析在线旅游用户行为信息，聚拢用户偏好并建立用户模型，逆向聚拢产品并优化产品设计与服务，同时充分利用用户在网站平台所生成的海量信息得到用户在线消费由始至终的全部行为过程，从而帮助在线旅游企业更有效地配置有限的企业资源，引导产品设计；另一方面通过大数据分析方法与手段可大力减弱在线旅游用户面对信息过爆的焦虑与困扰，并据此提供符合其需求与偏好的个性化推荐，充分提升在线旅游用户对网站平台使用的体验与感受，进而反向在旅游平台网站上留下更多的在线旅游关注点与痛点。个性化推荐方案的实现，将有效在在线旅游产品与用户之间创建一个富有逻辑且可充分持续的交互机制，对于在线旅游业态可持续发展，具有极强的商业价值与服务价值。

1.3.3 方案可行性

本书的研究内容主要包含三个层次：首先，本研究是一项“互联网＋旅游”的跨界融合研究；其次，本研究是一项针对在线旅游用户行为划分的、以个性化推荐为实现途径的、探讨用户与产品之间逻辑规则与交互空间的探索性研究；再次，本研究是一项基于在线旅游个性化推荐方案的对企业经营管理策略的指向性研究。

因此，在研究逻辑与内容的指引下，本研究最终提出了一个跨学科、应用型的整合框架——在线旅游个性化推荐方案，其技术条件来源于大数据挖掘与利用，其应用范围限定于在线旅游实际业务场景，其目标指向为用户的极致体验，企业的精准营销。个性化推荐方案的实现可大幅提高在线旅游用户与产品的交互程度，提升在线旅游由线上到线下的转化效率，具有极大的商业价值与服务价值。

本书涉及的主题研究及其技术框架路线如图 1.1 所示。

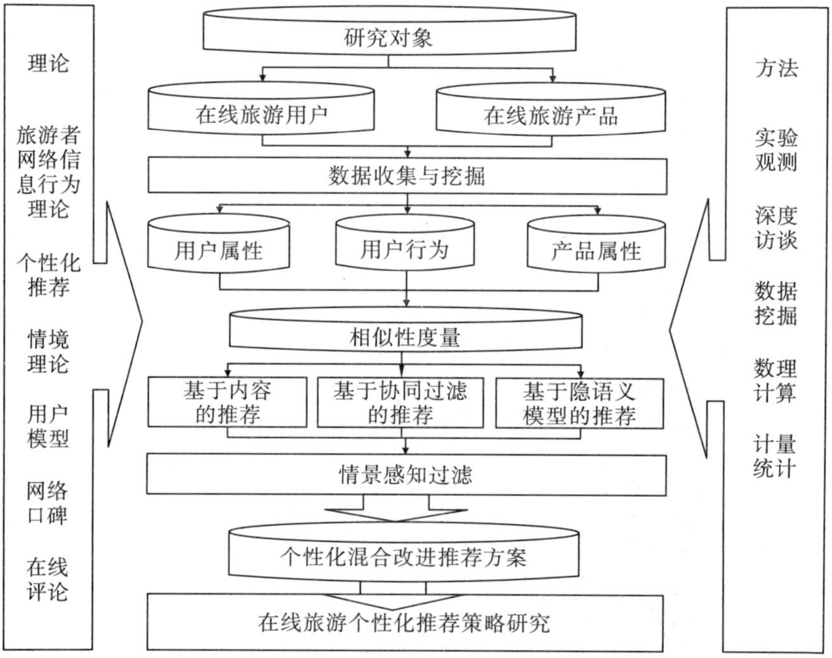

图 1.1　研究技术框架

第2章　理论基础、研究综述与研究设计

本书所依托的基础理论影响着研究的方向与架构。在线旅游个性化推荐研究是一项涉及旅游市场学、消费者行为学及信息科学等多领域、跨学科的复杂系统研究。因此，依托上述学科领域的知识积累，对本书涉及的相关理论方法与研究进行综述。

2.1　理论基础

2.1.1　旅游者网络信息行为理论

伴随互联网的出现及其广泛普及和应用，旅游者网络信息行为研究也逐渐成为旅游研究中引人注目的重要学术领域。旅游者由自身行为意愿出发，再基于网络发起的一系列包含信息搜寻在内的行为需求是其作出旅游决策的必要前提(Fodness and Murray，1999)，因此，目前主要从三个方面对旅游者网络信息行为的理论研究予以解释与支撑。一是旅游者网络信息行为意愿的发起研究形成了理性行为理论、计划行为理论和最有影响力的戴维斯(Davis)技术接受模型(technology acceptance model，TAM)；二是旅游者网络信息行为的过程研究；三是旅游者网络信息行为的作用机制与影响因素研究。

2.1.1.1　意愿研究

意愿(intention)一词最早来源于心理学的范畴，通常指个人将对某种事物产生的看法转化为个人主观性思维并由此指导下一步行为。因此，意愿与行为常常被联系在一起进行研究，由此在学术界产生了“行为意愿”的概念。

“行为意愿”的定义最早来自19世纪70年代Fishbein等(1975)提出的“行为意愿是一种强度的衡量，以表达其对开展某种行为的意愿”；Ajzen

(1991)于《计划行为理论》一文中再次强调:“行为意愿比人的信念(believe)、态度(attitude)或感觉(affection)等个人主观因素更接近行为过程,因此,了解一个人的行为意愿是有效预测其是否会发生某种行为的必要条件。”Eagly等人(1992)再次明确提出,“意愿”一词属于心理学范畴,是指行为产生的动机,因此,行为意愿能代表个人开展某项行为计划所表达出的个人动机的程度。Engel等人(1993;1994)在之后的两年多次提出,行为意愿是个人主观判断自己未来会采取的某种具体行为或倾向的主观概率或可能性,Harrison(2001)也对此表示认同。国内学者赖其勋等人(2001)指出,行为意愿是个人综合评估行为态度与主观规范之后,作出某种具体行为的概率与可能性。

结合旅游业务场景而产生的旅游者行为意愿研究,近年来也逐渐成为旅游学术研究的重要范畴,得到广泛关注。该研究立足理性行为理论(Theory of Reasoned Action,TRA)、计划行为理论(Theory of Planned Behavioral Control,TPB)及技术接受模型(Technology Acceptance Model,TAM)等经典行为理论,并得到了充分的学术发展。

(1)理性行为理论

理性行为理论(TRA),也可称为理性行动理论,其基本假设认为人是理性的,个人在产生某种具体行为之前会对各种信息来源与行为后果进行综合预测与评估。该理论立足社会心理学,强调基于个体认知的行为态度,主要用于分析与研究个人态度的形成过程,以及态度对个人最终行为的产生与影响作用机制。

具体来说,TRA认为,个人实际行为(behavior)的生成逻辑来自行为意愿(intention)的作用方式,同时,行为意愿又由个体行为态度(atiitude toward behavior)及主观规范(subjective norm)共同影响与控制。其中,行为态度是指个人对某种特定行为进行评价再经过概念化之后所形成的态度,主观规范是指个人对于是否采取某种行为所感受到的外界压力与服从意愿。其完整理论框架如图2.1所示。

图2.1 理性行为理论(TRA)框架

个人实际行为的产生受到多种外生变量的影响,包括性别、年龄、受教育程度等,这些都可以经由TRA框架中的行为态度与主观规范过程间接对个体行为产生影响与作用，因此，TRA 在众多行为解释理论中脱颖而出，成为行为预测研究中的经典理论，并广泛应用于研究个体在信息技术中的接受程度。

(2)计划行为理论

在实际生活中，由于外部因素的各种相互作用，个人在实行某种行为活动时，往往不能百分百地由自我意愿主导与控制，因此，理性行为理论中"人是理性的"这一基本假设在现实生活中往往难以实现，因此也降低了理性行为理论对个人具体行为的解释力与预测力。基于此背景，美国学者 Ajzen 后续又对 TRA 进一步进行了研究并将其扩展为新的理论，即计划行为理论(TPB)，相对于 TRA 来说，其扩展要点在于涵盖了一个新的变量——"感知行为控制"(perceived behavior control)变量。TPB 认为个人行为是经过深思熟虑的计划的结果，它能够很好地解释个人改变自身行为模式的全过程。

具体来说，计划行为理论的主要观点包括：第一，行为的发生不仅来自个人理性的意愿，还会受到个人能力、机会以及社会可用资源等外界条件的约束；第二，在 TRA 中将上述外界条件描述为"感知行为控制"变量，用以反映个人历史经验与预期障碍，个人认为自身所掌握的历史经验越多且预期阻碍越少，则个人对行为发生的感知行为控制会越强；第三，行为态度、主观规范及感知行为控制构成了行为意愿最终发生的三项主要变量，且都与行为意愿的发生正相关。其完整理论框架如图 2.2 所示。

图 2.2 计划行为理论(TPB)框架

在 TPB 框架的引导与支撑下，我们不难得出结论：若希望对用户行为产生显著影响，广告战并不灵验，因为它只能提高用户对产品的认知，却无助于改变用户行为。只有致力于改变用户态度与标准的感知，以及能有效控制用户购买行为变化的运营手段，才能产生实际效果。

(3)技术接受模型

技术接受模型(TAM)是本研究思路与理论的重要来源。技术接受模型来源于 Davis(1989)基于理性行为理论所提出的能够解释个体对某种新技术、新信息系统接受程度的新型理论模型。在Davis研究的基础上，后续的许多学者也对此予以了展开与补充，最终得出了经典的技术接受模型。

具体来说，经典的技术接受模型认为，个人实际行为的生成首先源自其行为意愿的产生。其次，行为意愿的产生又会受到行为态度的控制。再次，行为态度的控制还会受到个人感知有用性与个人感知易用性的共同影响与控制。其中，感知有用性(perceived usefulness，PU)是指个人采用某项新信息技术手段时，对其行为效率与结果的输出所产生改善程度的感知状况，因此，感知有用性变量会对个人行为意愿与行为态度产生直接作用；感知易用性(perceived ease of use，PEOU)是指个人在使用某项新的技术手段时，对其使用难易程度的感知状况，因此，感知易用性变量在对个人行为态度产生直接作用的同时，还会直接作用于感知有用性。此外，在现实世界中，感知有用性与感知易用性往往会受到外界环境的制约，因此，在技术接受模型中，还存在外生变量对两者产生直接作用。其经典理论框架如图2.3所示。

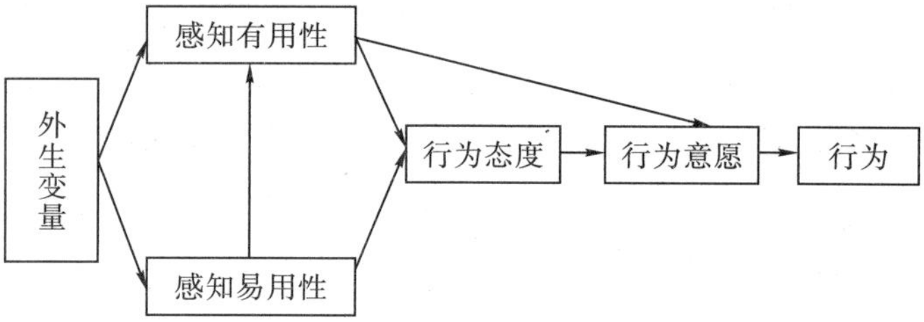

图2.3　经典技术接受模型(TAM)框架

伴随信息技术的更新与不断发展，经典技术接受模型也在学术领域被不断地强化与完善，1996年Davis等人进一步提出建立技术接受模型的改良模型，提议将经典技术接受模型中感知有用性与感知易用性的中间变量——行为态度因素从模型中删除。基于此，更多的学者开始参与改良模型的构建与探讨，形成了两大批判性意见。

意见一认为，对比理性行为理论框架，经典技术接受模型缺失了“主观规范”这一变量。考虑到现实世界中，当个人在接受某项新的技术方法时，必然会受到来自外界环境的影响，尤其是处于集体主义生活环境下的个人，很大程度会受到如家庭、朋友等周遭个体的行为干涉，因此，“主观规范”的存在有其必要性与合理性。

意见二认为，经典技术接受模型缺失对调节变量的控制。多数学者一直建议，在对个体行为意愿与行为活动的影响中，除了行为态度、主观规范的中间变量影响，还会存在其他调节变量对其的控制。经典的技术接受模型在实际运用中仍然存在解释能力弱的原因就在于缺失对调节变量的控制。

在学术界的热烈讨论与不断推进下，最终形成了经典技术模型的多种扩展模型。扩展方向与要点主要围绕以下内容展开：第一，围绕理性行为理论、计划行为理论框架，加入了多项变量要素，如主观规范、感知行为控制及自我效能；第二，在经典技术接受模型中补充了多项调节变量，如兼容性与客观性等；第三，细化了经典技术接受模型中的外部变量，如性别、年龄、职业等基本人口属性特征，最终形成了扩展后的技术接受模型，其完整框架如图 2.4 所示。

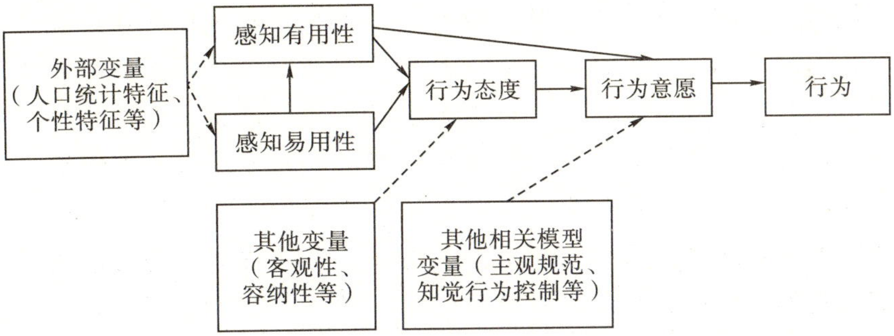

图 2.4 经典技术接受模型(TAM)框架

2.1.1.2 过程研究

Vogt 等(1998)提出互联网变革导致旅行代理商与旅游者交互方式产生了巨大变化。Fodness 等(1999)对旅游者信息搜索的整个行为过程进行了研究。Luo 等(2004)开展了旅游者对互联网与其他信息资源使用差异的对比研究。路紫等(2005)进行了北京市旅游网站在线旅游用户满意度水平研究。梁明英(2007)开展了多种信息传递方式对旅游者行为模式影响的比较研究。王亚峰(2010)按照旅游者对信息技术的偏好程度将旅游者分为传统型旅游消费者、过渡型旅游消费者及网络型旅游消费者等。

2.1.1.3 作用机制与影响因素研究

Snepenger 等(1990)提出影响旅游者信息搜索行为的变量包括旅游团队构成、目的地是否有亲朋好友、是否有类似旅行经验以及目的地新奇程度等。Fodness 等(1999)将旅游信息搜寻影响因素分为环境因素、情境因素、消费者特征因素及产品特征因素。Schmidt 等(2000)提出，受教育水平、对旅游产品的了解、家庭生命周期阶段及社会经济地位等游客特征也会对旅游网络信息行为产生影响。Goldsmith 等(2006)指出，出游目的、出游方式等产品特征会对旅游者网络信息行为产生影响。Pan 等(2006)着重对旅游者利用互联网络信息制定旅游计划的影响机制进行了研究。Buhalis 等(2008)提出旅游者网络信息行为差异来源于旅游者个人经历、兴趣偏好与出游动机。

2.1.2 个性化推荐理论

如今，互联网时代带来了信息技术的飞速发展，也带来了信息的爆炸式增长，信息过载、无序性问题日益显著，已成为互联网时代面临的主要挑战。面对巨大的网络信息空间，每个用户真正的需求与偏好往往被淹没其中无法精准获取。在传统互联网服务行为过程中，用户往往需要消耗较大成本在海量信息中搜索真正符合自身兴趣偏好的信息集合，且搜索出来的结果依然会包含成百上千与其兴趣不相关或重复甚至过时的信息，造成了信息获取的低效与冗繁。不仅如此，用户需求通常还具有模糊性与不确定性。因此，如何改变这种用户为信息所累的现象，并在纷繁复杂的信息碎片中精准获取适合用户问题解决的信息集，主动对用户进行定位与推送符合其兴趣偏好的产品内容，有效转化用户潜在需求为实际需求，最终提升用户服务满意度与对企业的忠诚度并增强企业竞争力，已然成为新时代企业与学界重点关注的问题。基于此背景，以改变落后企业服务模式为途径的个性化推荐研究非常必要。

2.1.2.1 系统研究

Rucker 等(1997)最早提出个性化推荐系统的概念，他们认为，基于个性化的推荐系统能够起到对用户网上消费行为的引导作用，它能帮助人们在海量产品及服务中选择自己偏好的产品及服务，能对用户的购买决策提供合理有效的建议。国内学者徐月美等人(2009)认为，个性化推荐系统可指任何以个性化输出为结果的系统，目的是促成用户的购买行为。

推荐系统是一个自动化的推送系统，它主动收集用户在网络平台中的历史行为信息，并利用这些历史行为信息对用户建模，最终针对不同用户产生并发送符合其兴趣偏好的个性化推荐列表。推荐系统可以为用户省去搜索、寻找、筛选项目或资源的时间，在提升用户消费体验的同时，提升企业方在线平台的流量及收入。一个完整的推荐系统框架如图 2.5 所示。

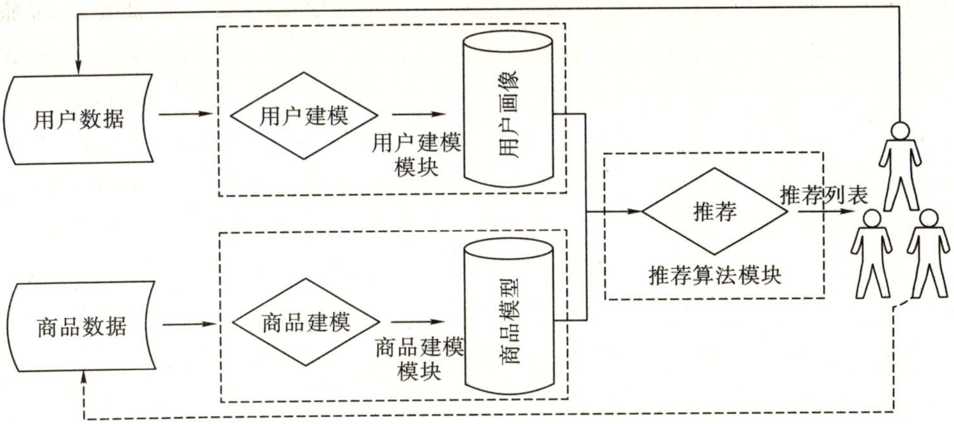

图 2.5 推荐系统的一般框架

其中，用户建模指可依据用户各个维度的历史行为数据来提取用户的兴趣偏好，以更好预测用户行为目标与需求。商品建模一般会依据特定业务场景不同而不断发生变化，常见的业务场景包括新闻、多媒体及各类电商平台的产品推荐等。

个性化推荐系统在实际场景中的应用目标主要包括三个方面。首先，可以提高用户对在线平台的忠诚度，产生用户黏性。如用户在第一次尝试通过网站推荐列表选取了自己想要购买的商品之后，就更容易对个性化推荐列表产生使用依赖。其次，通过对平台大量用户订单的统计分析，可以挖掘得到用户偏好购买的商品关联信息，通过关联信息，可进行捆绑销售的个性化推荐和引导。再次，个性化推荐可以帮助用户明确自身的模糊性需求，促进用户隐性需求的显性化。用户在线行为很大程度上属于无意识行为，进行消费的行为意愿往往并不强烈，但是若用户能够看到符合其兴趣偏好的商品，这在很大程度上会推动其潜在需求变为实际需求。

个性化推荐系统最早出现于 Goldberg 等(1992)发表的一篇学术论文。在一组新闻中，根据用户观看的新闻，衡量不同用户之间在兴趣偏好上的相似程度，并利用用户相似度进一步给用户推荐其可能感兴趣的其他新闻。这就是个性化推荐思路最早期的雏形。在此基础上，美国 Xerox 公司于 1992 年末首次提出基于协同过滤的 Tapestry 系统，主要目的在于解决公司内部信息过载的问题。Tapestry 系统是最早的基于协同过滤的个性化推荐系统。20 世纪 90 年代中后期，伴随电子商务的大力兴起，个性化推荐的学术研究正式开启。1995 年及 1996 年间，国际人工智能联合大会(IJCAI)、美国人工智能协会春季会议(AAAI)、ACM 智能用户接口会议(ACMIUI)等国际知名会议发表了数篇个性化服务系统的相关研究成果。1997年3月，*Communications of the ACM* 刊发了有关个性化推荐的专题报道。2000年8月，*Communications of the ACM* 又出版了有关个性化推荐的专刊。*IEEE Intelligent System User Modeling and User-Adepted Interaction* 等陆续发表了个性化服务的相关重要研究成果。个性化推荐由此步入了高速发展的研究阶段。2000年，有关个性化服务的部分研究项目得到了美国NSF基金的支持。2003年，亚马逊的几位工程师与科学家一起发表了一篇名为“基于条目的协同过滤”的著名论文，该论文成为个性化推荐领域的基础文献之一，成就了实践与学术相结合的研究典范。目前，国内外已经出现了多个推进个性化服务实现的原型系统，如Personal WebWatcher。部分大型网站也提供了相应符合其业务特征的个性化推荐服务，如Facebook、CNN等。

在此之后，个性化推荐的研究重点开始聚焦于用户层面，关注不同用户及其需求、不同用户构建的社会，以及不同方式的知识探索和用户服务。Bonacin等(2009)提出，在面对多类型用户场景时，可进行社会环境模拟，提取场景参数，再进行用户系统交互设计以达到个性化推荐的目的。Wang等(2009)基于建立客户关系管理(CRM)的角度，利用K聚类分析进行异常识别以解决客户所需产品具有差异性的离群点问题，更准备区分客户以进行个性化推荐。Chiu等(2009)提出，以用户行为理论为支撑，可为个性化推荐逻辑方案提供恰当的战略思路与运作方式。也正因为如此，国外学者围绕个性化推荐系统进行的一系列研究都与用户行为的挖掘与用户模型的改良密切相关。

相较于国外研究，中国开始个性化推荐系统的研究略晚。但伴随中国网络基础设施发展速度的大幅加快和互联网应用的不断普及，中国电子商务也陆续出现了一场“在线销售”的革命。在电子商务系统中引入个性化推荐模式与技术，已是大势所趋，市场必然。如今，国内多数电商网站，如京东、阿里巴巴等都相应推出了适合自身实际业务场景与需求的个性化推荐系统来满足用户的在线定制需求；其他资讯类在线平台网站如豆瓣、网易等也开始提供基于用户行为的推荐功能，甚至连百度这样的搜索平台也开始提供基于个性化推荐的搜索功能。实践领域的刚性需求促使国内学界不懈努力，目前国内已出现大量有实力的研究机构争相投入人力物力进行个性化推荐的学术研究，并取得了可观的研究成果。李聪等人(2008)创新性地提出了一种“领域最邻近”法，在降低数据稀疏性的同时，提高了寻找最近邻的准确性。刘建国等(2009)针对各种推荐算法作了综述性的介绍，系统地阐述了个性化推荐系统的优缺点。徐翔等(2010)针对现有相似度算法的不足提出了一种改进的相似度计算方法，显著提升了推荐质量。曾小波等(2010)针对协同过滤中存在的矩阵稀疏问题提出了改进方案。侯治平(2011)从用户行为视角，以聚类分析构建出用户-产品评分矩阵，从而实现个性化推荐。朱清香等(2012)依据菱形图关联规划对图书借阅的推荐系统进行了可视化模型设计，有效提升了系统推荐图书的精准度。金淳等(2013)基于 Agent 仿真模型对面向移动商务环境的个性化推荐方法进行了研究。

总体来说，目前个性化推荐系统包含三个子过程：了解用户偏好、依据偏好进行用户需求预测和用户反馈。具体分类包括给用户提供符合其偏好的产品信息等基本属性的推荐系统；通过分析历史数据来寻找用户频繁购买产品的条目及展示相关条目关联的推荐系统；依据用户兴趣、产品需求与偏好形成用户群，并依赖群组内各用户对产品及信息的回顾，推荐相应条目的推荐系统。

2.1.2.2 技术研究

个性化推荐技术的应用不仅能有效满足用户的个性化需求，也能有效解决互联网平台信息超载的难题。个性化推荐技术的相关研究在国外开展得较早，当前主要应用于电子商务领域，比较成熟的视角是用户行为分析。具体推荐系统的形成机制与技术方法主要包括基于内容的推荐及基于协同过滤的推荐：前者依据被推荐物品的元数据或者被推荐内容的元数据，计算物品或者内容的相似度，并基于用户的历史行为进行偏好预测，最终为用户推荐符合其兴趣的物品或内容；后者通过计算用户对物品的偏好数据，发现物品与物品、用户与用户之间的相似度，然后通过计算最近邻的加权评分得到预测评分，将预测评分靠前的物品推荐给用户。具体推荐技术的采用与分析需要考察实际业务场景。

(1)基于内容的推荐

基于内容的推荐，也可称为基于认知或者基于特征的推荐。它目前是电商推荐系统里最成熟的推荐技术，从 20 世纪 50 年代开始就得以应用。基于内容的推荐最初是以信息检索的方式，通过关键词得到推荐物品列表。这种技术的核心是条目分析，具体处理技术在于利用已知的用户历史兴趣，通过资源比较检索条目特征，建立用户模型并进行相似性匹配分析，使用关键词或其他产品相关属性来进行推荐。基于内容的推荐的优势是拥有较为简单的实现机制，弊端与局限性是无法挖掘用户新的兴趣空间，推荐结果总是与用户内容特征完全匹配，因而毫无新意，且难以识别同一用户的兴趣关联。因此，内容推荐法主要应用在文档与主题定位，图 2.6 是内容推荐法的典型结构。

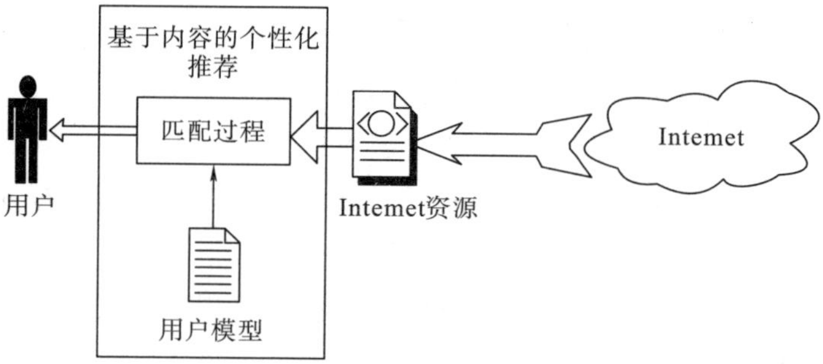

图 2.6 内容推荐法的典型结构

基于内容的推荐，其详细处理过程包括三个阶段。

第一个阶段是内容分析。从非结构化数据中抽取相关的结构化信息，这个阶段的目的主要是将对象内容表示成合适的形式。对象内容经过特征抽取技术处理的目的是将信息从原始信息空间转换为需要的信息数据格式，以便进行数据输入。

第二个阶段是信息学习。该阶段需搜集到与用户偏好相关的数据特征，通过泛化数据来构建用户模型，通常是通过机器学习技术实现数据的范化过程。通过用户建模，可以从用户历史数据中学习用户的偏好模型。

第三个阶段是过滤。该阶段主要是匹配用户个人行为特征与表示空间，利用用户历史行为数据来推荐与相关内容相似的产品及服务。

基于内容的推荐的具体实现有两种方式。一是文本推荐，即将提取的用户或产品文本特征转化为关键词向量。每一个关键词代表该用户在一个特定场景、具体内容下的特征。最终通过计算向量之间的相关性来定量判定用户或产品的相似度。二是潜在语义分析(latent semantic analysis)，这是一种在自然语言处理中会经常用到的方法。其逻辑假设认为，如果在同一文档中多次出现两个不同词汇，则认为这两个不同词汇具有语义相似性特征。它通过统计计算对大量文本数据做矩阵构建，矩阵上每一行表示一个词，每一列表示一个文档，矩阵中每一个元素表示该词在该文档中出现的次数。再通过奇异值分解(SVD)，在保留列信息的情况下，减少词频矩阵的行数。这样，每两个词之间的相似度就能通过其行向量的 cos 值表示，cos 值越接近 1 说明越相似，越接近 0 越不相似。LSA 的优势在于可以克服关键词同义或多义现象导致的文档相似度计算不准确的弊端，但劣势在于采用奇异值分解(SVD)得到的潜在语义空间的物理意义不明确，矩阵的奇异值分解计算量大。

基于内容的推荐具有明显的优势，也存在一定的弊端与局限。其优势在于以下几点。第一，它能处理新产品问题。若推荐系统内加入了新产品，通过将用户历史行为信息与提取的新产品特征进行匹配，可对特定用户产生推荐。第二，它具备用户独立性。若用户与产品存在规模数量时，用户往往不可能对所有商品都进行评论，因此得到的用户-产品评分矩阵会出现稀疏性问题。但基于内容的推荐法不需要考虑其他用户兴趣偏好数据的影响，因此，在此情况下依然适用。第三，基于内容的推荐结果展示直观易懂。由于基于内容的推荐是根据产品内容特征与用户偏好特征进行匹配并予以推荐的，因此，基于内容推荐的结果有很强的解释性。其弊端与局限在于：第一，基于内容的推荐在现阶段多用于处理结构化的数据，在提取多媒体数据(如声音、图像或视频等)的内容特征上存在较大困难，因此，在其他方面的推荐效果不好，应用领域较为有限；第二，基于内容的推荐方法还存在新用户问题，即当面对缺乏历史记录的新用户时，基于内容的推荐无法有效作出推荐；第三，基于内容的推荐只能依据用户自己感兴趣的、已消费体验过的产品内容作出相似产品推荐，推荐结果欠缺多样性。

(2)基于协同过滤的推荐

协同过滤的概念是 Goldberg 等(1992)首次提出的，它是集体智慧的一个典型应用。基于协同过滤的推荐(collaborative filtering recommendation)，也叫合作推荐法，起源于 20 世纪 90 年代。随着 Web2.0 的发展，用户不再仅仅担当信息阅读者的单方面角色，而是更多地参与信息的发布与传播，这带来的结果就是网络中开始生成大量用户的属性信息与行为信息，这可以作为协同过滤的丰富数据来源。基于协同过滤的推荐是目前最受信赖的一项推荐技术。

和基于内容的推荐不同，基于协同过滤的推荐并不是比较产品信息资源与用户模型的相似性，其核心思想是：“物以类聚，人以群分”，通过计算用户之间的相似性来进行推荐，认为经常购买消费同样产品的人具有相似度较高的用户兴趣偏好，并将其归为一个用户类群，当其中一个用户表现出对某一产品的兴趣偏好时，该产品也会被推荐给同类群的其他用户。因此，基于协同过滤的推荐的最基本功能是预测用户未知的兴趣偏好，其最关键的步骤是依据用户历史行为数据挖掘划分用户类群。因此，协同过滤法主要应用于销售实体物品的电子商务领域，如 Amazon、CDNow、MovieFinder 等都采用了协同过滤技术以提升服务质量与效率。图 2.7 是基于协同过滤推荐的典型结构。

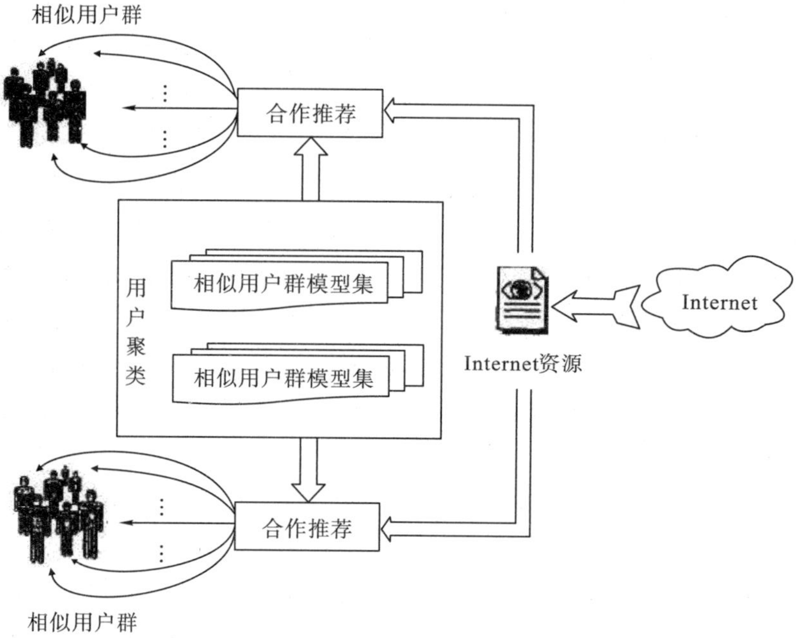

图 2.7　基于协同过滤推荐的典型结构

在基于协同过滤的推荐中，有两个概念非常重要，它们也是协同过滤推荐算法的核心点。其中一个是用户-项目评分矩阵。由于用户表达对项目的兴趣与偏好程度的最直接方式是用户对项目的直接评分，因此，我们可通过在线用户对项目的浏览、购买及评分等多种行为数据的采集，得到一般性用户-产品二维矩阵，该矩阵的转化质量将直接影响最终推荐方案的效果；另一个则是 k 最近邻用户搜索。根据上一步中用户对项目的兴趣偏好数据，确定其最相似的 k 个近邻。推荐方案的最终效率及效果在一定程度上由这一步的相似度查找决定。

协同过滤法的具体实现大多基于三种方式。

一是基于用户的(user-based)协同过滤，基本原理是：通过用户的浏览、点击等行为的相似度来相互推荐用户可能会感兴趣的物品，如图 2.8 所示。假设用户 A 表现出对物品 A、物品 C 的兴趣偏好，用户 B 表现出对物品 B 的兴趣偏好，用户 C 表现出对物品 A、物品 C、物品 D 的兴趣偏好，那么由用户 A、B、C 的历史行为我们认为，用户 A 与用户 C 的兴趣偏好较为相似，由于用户 C 表现出物品 D 的兴趣，而用户 A 暂未涉及，我们可以推断用户 A 或许也会对物品 D 产生兴趣偏好，因此，最终我们决定向用户 A 个性化推荐物品 D，如图 2.8 所示。

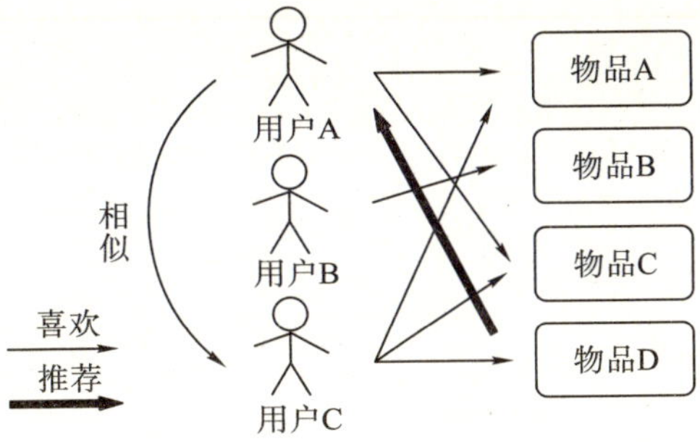

图 2.8 基于用户的协同过滤

因此，基于用户的协同过滤法主要包括三个步骤。

第一步，使用用户已经消费过的物品建模，得到的用户-物品评分矩阵（$\boldsymbol{E}$）代表用户的兴趣偏好信息，用户-物品评分矩阵是一个 m 行 n 列的二维矩阵，对应着 m 个用户、n 个物品，$\boldsymbol{E}_{ij}$ 是用户 i 对物品 j 的评分。

第二步，通过计算行数据的相似度表示用户的相似程度，寻找和目标用户已经最相似的前 k 个近邻用户。

第三步，找到 k 个最近邻用户偏好的且目标用户没有接触过的物品进行兴趣偏好预测，按预测评分值由高到低选取前 n 个项目推荐给目标用户。加权平均值预测如公式(2.1)：

$$P_{ui}=\overline{R_u}+\frac{\sum\limits_{v\in V}\text{sim}(u,v)\times(R_{vi}-\overline{R_v})}{\sum\limits_{v\in V}(|\text{sim}(u,v)|)} \tag{2.1}$$

其中，P_{ui} 表示用户 u 对没有评分项 i 的预测评分，V 是用户 u 的最近邻集合。

二是基于项目的(item-based)协同过滤，其基本原理是，根据用户对物品或项目的评价衡量物品两两之间的相似程度，再基于用户的历史行为偏好数据，推荐给用户相类似的项目产品，如图 2.9 所示。假设用户 A 表现出对物品 A、物品 C 的兴趣偏好，用户 B 表现出对物品 A、物品 B、物品 C 的兴趣偏好，用户 C 表现出对物品 A 的兴趣偏好，那么由用户 A、B、C 的历史行为可以看出，物品 A 与物品 C 较为相似，偏好物品 A 的都偏好物品 C，由此可以推断用户 C 或许也会对物品 C 产生兴趣偏好，因此，最终决定向用户 C 个性化推荐物品 C。

因此，基于物品的协同过滤法主要包括三个步骤：第一步，与基于用户的协同过滤法一样，通过对用户已经消费过的物品建模，得到用户-物品的评分矩阵（$\boldsymbol{E}$），代表用户兴趣偏好信息。这是一个 m 行 n 列的二维矩阵，对应

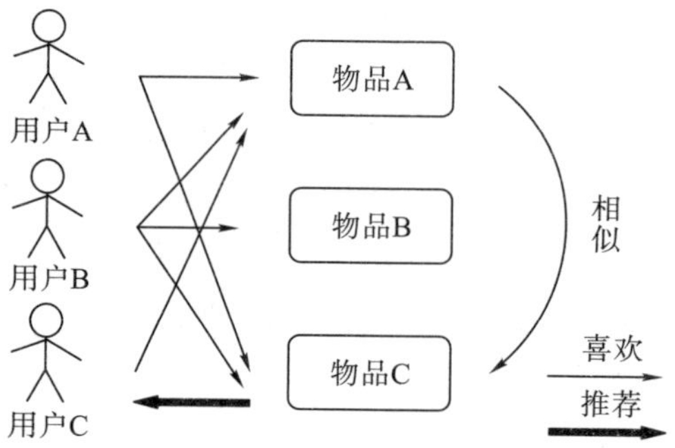

图 2.9　基于物品的协同过滤

着 m 个用户、n 个物品，$\boldsymbol{E}_{ij}$ 是用户 i 对物品 j 的评分；第二步，通过计算列数据的相似度表示物品的相似程度，寻找用户已经消费过的物品的前 k 个最相似近邻；第三步，对 k 个邻域物品中目标用户没有接触过的物品进行用户兴趣偏好预测，按预测评分由高到低选取前 n 个项目推荐给目标用户。加权平均值预测如公式(2.2)：

$$P_{ui} = \overline{R_i} + \frac{\sum_{v \in V} \mathrm{sim}(i,v) \times (R_{uv} - \overline{R_v})}{\sum_{v \in V} (|\mathrm{sim}(i,v)|)} \tag{2.2}$$

其中，u 表示用户，i 表示目标物品，V 表示 i 的最近邻居。

三是基于模型的(model-based)协同过滤，核心是训练推荐模型，原理是依据样本用户的兴趣偏好信息数据，对推荐模型加以训练，预测用户兴趣偏好，生成相应推荐结果。采用数理统计、机器学习与数据挖掘技术，依据目标用户的历史行为数据(如点击、浏览、购买、评论等)共同创建模型，并依据此模型来开展后续个性化推荐流程。基于模型的协同过滤算法有很多，经常使用的较为成熟的推荐模型有：聚类模型(clustering models)、贝叶斯模型(bayesian models)和依赖网络(dependency networks)。在实际使用与操作中，如果可以将用户的评分类化，就能使用分类算法来创建基于协同过滤的用户模型，同时，使用回归模型的相应方法还能创建评分系统并进行量化设计。通过这些开发与设计好的成熟模型与技术方法，如数据挖掘技术与机器学习，能够让系统自如应对各种复杂模式的训练数据集，并智能地对训练数据集及实际数据集的协同过滤推荐作出合理且有效的预测。

基于协同过滤的推荐具有明显的优势，也存在一定的弊端与局限。其优势体现在以下几点。第一，基于协同过滤的推荐具有用户的全集性，可以深度挖掘出不同用户间的相似性，这是基于内容的推荐无法做到的。第二，基于协同过滤的推荐适用于非结构化数据。对于关键字提取不完全或不精准的多媒体数据(如声音、图像或视频等)和一些难以表达的复杂概念(如用户品味)等，可依据近邻用户兴趣偏好的类群划分来进行相应推荐。第三，基于协同过滤的推荐能帮助探索并挖掘用户潜在的隐藏兴趣偏好点，并能利用推荐过程中的反馈加快个性化学习速率，达到更全面丰富的个性化推荐效果。其弊端与局限在于以下几点。第一，基于协同过滤的推荐存在冷启动问题，即因缺失新入用户的历史行为数据而无法构建新用户对产品的评分矩阵，由此造成推荐范围的局限性；第二，基于协同过滤的推荐存在数据稀疏性问题，即如若用户对某一产品的评价过于稀疏，则基于用户的评价所得到的用户之间相似度的计算准确性会有所下降。第三，基于协同过滤的推荐还存在用户特殊化这一问题，即相较于大众需求与偏好，若某个特定用户的兴趣偏好存在极端特殊性，则推荐方案在为其划分并匹配相似兴趣偏好的用户群体时，该推荐方案对其受限。第四，基于协同过滤的推荐存在系统可扩展问题，即推荐系统中会不断有新数据加入，且用户兴趣偏好也会随时发生变化，当数据规模较大时，对系统实时反映速率及推荐内容的更新频次都是极大的挑战。

目前国外研究领域应用较成熟的基于协同过滤技术的个性化推荐系统主要有PHOAKS、Referral Web、SiteSeer和Let's Browse等。它们的推荐逻辑与原理都是基于用户历史行为，如浏览过的页面、新闻或用户保存收藏的在线信息等，建立用户与用户之间相似程度的计量模型，并予以个性化推荐。在此基础上，国内学者也对协同过滤的相关技术进行了许多有益研究。路海明等(2000)在对协同过滤的推荐研究中提出了基于多软件代理的混合智能体。林鸿飞等(2001)对基于内容的推荐中的文本过滤建模技术开展了有益探讨。赵亮等(2002)重点关注算法的改进，提出了一种高效的基于协同过滤的个性化推荐算法。

2.1.3 情境理论

情境(context)代表能用来表征一个实体状态的任何信息。伴随无线通信技术和移动终端技术的迅猛发展与应用普及，从情境信息中挖掘出有价值的信息，为人机交互智能化提供支撑(杨文漪等，2012)，已成为情境理论的研究热点。通过情境建模技术获取用户偏好，通过情境感知技术完成情境推理，最终实现个性化推荐的过程是情境理论应用的主流。

2.1.3.1 概念研究

情境这一概念来源于20世纪90年代的一般性描述，情境是以特定名词为表述方式的用户或设施的所在场景。其后，学界进一步认为，情境还应包含与环境、目标及用户场景等相关的任何信息，情境对用户与普适计算的作用过程存在交互。目前，对情境概念的宏观表述为：情境描述的是一个实体特征所包含的的任何信息，包括与用户及普适计算存在交互的人物、地点、任务等。同时，情境的微观具象描述需结合现实应用中的实际场景，同时引入具体的用户兴趣偏好信息。在电子商务平台类应用范畴，情境的具象表述为用户进行在线产品及服务消费的时间、地点、动机、逻辑、环境影响等。在资讯检索类应用范畴，情境的具象表述为可检索的资讯量、用户的检索动机与逻辑、检索设施的运行状况等。总体来说，目前大多数研究中涉及的情境信息的主要来源包括用户情境、网络情境、任务情境、资源情境、环境情境、服务情境等（Tarak，2007），其中用户情境、任务情境与环境情境是研究主流（Daniela，2010），其层次分类如图 2.10 所示。

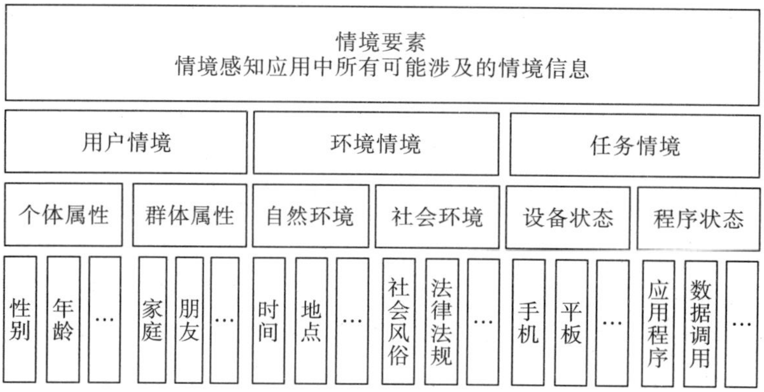

图 2.10　情境要素层次分类

①用户情境：包含个体属性与群体属性两个层面。个体属性包括用户的性别、年龄、受教育程度、生理及心理健康状态等；群体属性包括家庭亲属关系、朋友社交关系及用户自身的社会经历状况等。

②环境情境：包含自然环境和社会环境两个层面。自然环境包括时间、地点、温度、季节等环境因素；社会环境包括社会风俗、法律法规、道德规范、规章制度等环境因素。

③任务情境：包含设备状态和程序状态两个层次。设备状态可分为 PC 端与移动端（手机、平板）等；程序状态可分为网页程序、数据库资源等程序属性与分类。

情境理论研究由低到高主要分布在四个层次：数据收集层次、情境管理层次、偏好管理层次与应用层次。数据收集层次为情境理论研究的基础层次，目标指向为数据挖掘与处理。目前大多数研究中涉及的情境信息的主要来源包括用户情境、网络情境、资源情境、任务情境、设施情境、地点情境、服务情境等(Tarak，2007)，其中用户情境、任务情境等是较为普遍的研究主流(Daniela，2010)。具体情境信息因其来源不同，获取渠道可分为三种：通过传感器获取、使用软件代理收集、使用用户概述信息获取(顾君忠，2009)。情境管理层次目标指向是对情境信息的组织与存储，通过机器学习与本体推理的算法对高级情境信息进行推理，最终依层次对情境信息进行分类，具体可分为原始情境信息和高级情境信息。前者主要由传感器渠道获取，信息内容包含时间、地点、温度等相对分散且不断变化的情境信息；后者主要由情境推理与演绎渠道获取，在实际运用中具有更高价值，能作为用户兴趣管理与产品推荐的数据得到进一步利用。例如 Claudio 等(2010)提出的备选服务集合情境。偏好管理层次目标指向对用户的兴趣偏好进行预测；应用层次的目标指向依据上述三个层次所生成的用户兴趣偏好范畴与实际反馈为用户提供个性化推荐服务。

2.1.3.2 应用研究

情境应用是情境理论研究的最高层次，它依据前三个层次的推理结果，捕捉符合实际场景需求的业务属性，帮助把握用户目标、预测用户偏好，以提供个性化的服务方案与措施。目前，情境应用主要覆盖知识描述与推理、智能信息检索及移动商务等多个领域，具体实现方式包括两种：情境建模技术及情境感知技术。

(1)情境建模技术

目前，有关情境建模的技术研究成果丰富，从模型构建方面可大致分为两类。一是趋于标记的建模方法，主要包括 MaCarthy 等(1993)提出的基于逻辑的模型、Schilit 等人(1994)提出的键值对模型(key-value-pairs model)及 Henning 等(2003；2004)提出的标记模型(markup scheme model)；二是侧重表达的建模方法，主要包括 Aamodt(1997)提出的本体情境模型(ontology based model)、Lieberman 等(1995)提出的空间情境模型(spatial situation model)以及 Halpin 等(2001)提出的对象角色模型(object-role model)。

时至今日，趋于表达的建模方法已然成为主流情境建模方法。其中，本体情境模型的接受程度较高，其原因在于它能嵌入语义信息来进行本体语言环境的创建，为建模步骤提供标准参考，能有效处理复杂情境数据间的共享、交互与整合，具备显著的共享利用、规范分析及无须编程学习基础等多项优势。空间情境模型主要侧重对地点情境的信息感知，具有情境信息的空间组织有效性优势，但在数据收集层面的处理难度较大；对象角色模型强调运用具体的建模语言对情境信息进行图形化表示，相当于将情境信息封装在一个对象载体中进行考量，这种处理方式能利用软件工程对每个情境感知需求予以细化，生成细化粒度属性、功能及定义规则，是对情境信息的简化表达。也正因为该模型是典型的扁平化结构模型，因此无法提供协同工作效能。

上述三种主流情境建模方法各自的特质及适用范围比较如表 2.1 所示。

表 2.1　主流情境建模方法比较

功能维度	本体情境模型	空间情境模型	对象角色模型
时间性	不适用	适用	适用
可推理性	适用	不适用	部分适用
可移动性	不适用	适用	部分适用
可用性	部分适用	部分适用	适用
关联性	适用	部分适用	部分适用
有效性	不适用	适用	部分适用
不完备性	不适用	部分适用	部分适用
异质性	适用	部分适用	适用

(2)情境感知技术

情境感知(context awareness)技术最早起源于普及计算(ubiquitous computing)研究，这类研究强调与环境融合的计算过程，具体来说指通过相关技术使计算机同样能够感知到个人所在的实际情境，并对其产生相应行为。这也是用户行为研究与用户体验设计的难点与关键所在。因此，情境感知已成为解决个性化产品服务推荐、实现有效人机交互的重要技术手段之一(陈天骄等，2007)。其中，更为重要的研究方向在于"主动服务设计"理念与过程，即计算机尤其是移动设备端，可以通过情境感知技术，自动适应情境，并最终为用户提供个性化推荐。

情境感知的处理过程可划分成情境利用与情境组织两个部分。情境利用偏重情境信息的具体获取方式及应用过程。情境组织的过程较为复杂，可描述为：第一步，通过移动互联网或数字地图等渠道对情境信息进行初步采集与数据清洗、分类等预处理，可借助均值分析等多种统计手段完成；第二步，将情境信息数据抽象成情境模型，并添加情境解释，以获取情境特征隐藏的语义信息，将情境信息组织成行为知识；第三步，进行集中或分布式的情境存储以便未来检索。整体情境感知处理过程如图 2.11 所示。

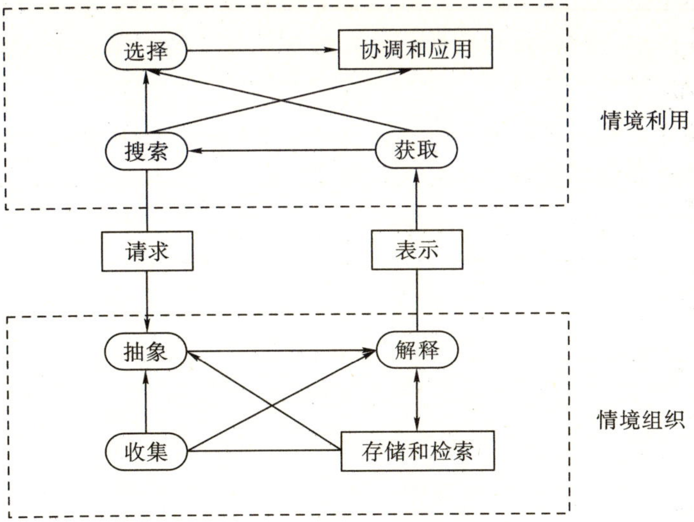

图 2.11 情境感知处理过程

情境感知的应用范畴包含六个方面：面向用户的信息系统、智能空间、社交通信设备、旅游指引、移动电子商务与网络设施服务（Byun et al.，2001）。对用户兴趣偏好的挖掘与分析对个性化服务供给来说至关重要。徐凤苓等(2011)研究证实，通过情境感知的应用，个性化推荐系统的整体效能将大幅增强，主要表现在对系统学习界面的辅助设计，体现出更具优势的主动服务性能。

目前，情境感知技术最有前景的应用研究领域主要集中在电子商务与移动商务的个性化推荐设计。传统推荐系统(包括基于内容的推荐与基于协同过滤的推荐)的处理过程都是建立在用户-物品的评分矩阵基础上。但在实际操作过程中，因为现实业务场景的不同，单一的流程化推荐方案所得到的推荐效果大都具有有限性。基于此背景及现实要求，20 世纪末期，Ado 和 Tuzhilin(2001)开创性地将用户-物品矩阵扩展为用户-情境-物品矩阵，由此提出了情境感知推荐的雏形概念。

在此基础上，国内外的研究学者着重对有效利用情境信息的技术手段与渠道方法进行了充分的科学研究。Esbensen(1995)将项目按照情境进行划分，结合基于协同过滤的推荐方法开展了混合方案的研究。Ribeiro 等(2000)分别利用粗糙集与支持向量机(support vector machine)对情境予以建模，并结合基于协同过滤的推荐逻辑进行了整合研究的尝试与探讨。国内学者梁旭等(2011)就基于协同过滤推荐中的基于物品的推荐逻辑进行了扩展研究，融入了情境感知信息数据，并对其进行了聚类分析。综合来看，上述研究在各自侧重领域都生成了宝贵的学术成果，但共同的局限性在于需要用到大量用户的历史行为数据，在数据采集方面工作体量较大，一定程度上使推荐方案的时效性受到了限制。

除此以外，考虑到传统推荐系统具有很难预测新用户偏好，缺少特定的方法推理用户偏好等问题，Byun 等(2002，2004)侧重对决策树方法进行研究，期望由用户历史情境信息来推理用户兴趣偏好，帮助实现系统自动由用户窗口点击行为及用户周遭情境环境得出相应个性化推荐服务。Sietal 等(2005)提出通过隐马尔科夫模型(Hidden Markov Model，简称 HMM)分析用户行为特征，并据此创建了名为 Synapse 的情境感知服务平台；Linden 等(2003)基于决策树方法对类似用户的兴趣偏好进行预测，并据此创建了基于 agent 方法的移动个性化推荐的系统框架；JongyiHong 等(2009)在此基础上对基于 agent 的移动商务系统框架进行了扩展研究，使其可以进一步依据物理传感器获取的情境信息数据与用户自身的属性信息数据自动聚类用户兴趣偏好，并结合当前情境环境进行推荐。

2.1.4 用户模型理论

对用户模型，目前还没有形成一个统一的定义，最早的相关定义来自 Alfred K(1990)的讨论，他认为用户模型是通过建立一项关于用户倾向的假设集合来捕捉用户需求与偏好并管理用户兴趣倾向的描述性模型。从用户模型的各要素来说，首先，用户模型是对用户的一个划分，是将一个类的概念转化为一个角色，实际操作过程就是利用技术手段处理海量用户信息，虚构出一个用户来代表一个用户类群，同时，这个用户类群必须能反映出用户在一定时期内相对固定的某种需求与兴趣偏好；其次，构建出的用户模型必须具有一定的可计算效能，这就决定了用户模型的创建要求，即具备面向计算机一般算法的、可处理非结构化信息数据的、对应用户需求描述的形式化表达。

不仅在智能推荐技术领域，在各自行业的传统领域也有许多用户模型尝试对客户进行特征识别与分类。传统领域的用户模型主要偏重于从用户本身的属性信息着手建立用户模型，包括从人口分类学角度、数理统计学角度等建立诸如用户性格、人生阶段、兴趣、背景等相关信息，并尝试从用户决策的心理过程与内在因素出发进行服务推荐。在旅游行业中，Alain 等(2005)综述了前人对于游客分类的模型属性后，提出了一种新的游客分类方法，将所有游客分为习惯型、理性型、享乐型、投机型、受限型与适应型六种类型。Narisra 等(2006)统计分析了用户长距离旅行习惯，并使用性别、年龄、收人、受教育程度、居住地区类型、周围交通情况等个人信息属性建立用户模型。Sameer 等(2013)则综述了将游客分类的人口统计因素，如性别、年龄、家庭情况等，以及游客精神因素，如性格特点、人生阶段、价值取向、猎奇性等，并在此基础上提出了旅游过程中产生的出游情绪对最终旅行满意度也存在影响。

在早期的个性化推荐研究中，相较于大量的信息检索的技术研究，用户建模的技术逻辑并不属于主流研究范畴。但伴随应用研究的逐步深入，学界开始认识到，先进的信息检索技术虽然重要，但并不完全能影响与决定个性化推荐效能的高低，而个性化推荐逻辑的基础来自对用户行为的获取与分析，以及对用户兴趣偏好的可计算描述。这是数据来源的基础，也是个性化推荐最终服务质量的前提与保障。在此认识与反省下，学界开始进行广泛的用户建模技术探索与学术研究，并取得了丰富的研究成果，树立了较为典型的应用案例。Fragoudis 与 Likothanassis(1999)最早从研究综述着手，对 LIRA、LETIZIA 等经典个性化服务系统中的用户建模技术与方法进行了总结与展望，再次强调了用户建模技术之于个性化推荐研究的核心效用与价值。Pazzani 与 Billsus(1997)通过对用户行为进行样本训练，对用户页面浏览行为进行标注，将其分为用户感兴趣的和不感兴趣的两种行为记录，再对期望信息增益进行单词计算。Chen(1998)同样进行了用户行为样本训练，训练对象为用户在页面浏览中对超链接的点击行为，并对其进行兴趣度分类标注，再对期望互信息进行单词计算。Christiansen 等(2000)以用户选择页面为样本研究对象，再在用户存在兴趣偏好的选择页面中确立某种指定位置，最后将出现在该指定位置的单词作为构建用户模型的要素。Adomavicius 等(2001)主要侧重研究数据挖掘对用户模型构建的技术支撑，将用户访问记录作为研究对象进行观测，利用数据挖掘技术对其关联规则进行探讨，据此构建用户模型。林鸿飞等(2002)将用户示例文档作为研究对象，合作构建了侧重表达的用户模型，内容包括文档的特征、类别等。潘金贵等(2003)合作开发了名为 Doltri－Agent 的信息搜索引擎，其用户模型的构建主要来源于关键词的关联运用，通过对其赋值来表示用户的兴趣偏好程度。应晓敏等(2002)为强调用户类群差异，着重对基于关键词构建的用户模型的细分粒度进行了深入探讨。徐振宁等(2001)、李勇(2002)先后都提出了基于领域本体视角的智能信息检索用户模型，对用户网络浏览与信息检索行为过程进行了日志观测与跟踪记录，并基于大量的信息记录数据进行批量统计分析，最终得到用户的网络浏览与信息检索的个性化需求。

2.1.5 网络口碑理论

在中国传统语义中，口碑通常表示人们对产品或服务的正面评价。在20世纪50年代初期，学术界发现人际交往中信息的非正式交流对消费者行为存在某种影响机制。后续研究相继表明，这种非正式交流的影响范畴涉及消费者的购前期望、消费中的使用态度及消费后的服务评价。与此同时，互联网时代到来，高速发展的网络信息服务极大地改变了人们的思维方式与行为模式，传统口碑在如今的互联网络环境下也衍变扩展为网络口碑(online word-of-mouth)的复合概念(Hennig et al.，2003)。在百度百科的定义中，网络口碑是指网民(企业或消费者)通过论坛、博客或视频等多种网络渠道，与其他网民共同分享关于企业、产品、服务的文字及各类多媒体信息，并且这些分享所带来的信息传播效力会直接或间接对这个企业品牌、产品及服务的信誉度产生影响。网络口碑因其传播匿名性、高效性、多渠道性及时空无局限性，对人们的认知、情感、期望、态度及行为都会产生显著的影响。

2.1.5.1 概念研究

网络口碑研究最早集中于“网络口碑”的概念研究。Henning等(2003)最早提出一种观点，认为网络口碑即“电子口碑”，是指通过网络渠道，借助在线论坛及社交邮件等多种形式进行的口碑传递过程，具备极强的传播效力与较大的作用范围。Christiansen(2000)认为网络口碑交流行为与人际间口碑交流行为相当，只是信息内容的呈现方式不同。Dellarocas(2003)认为网络口碑即互联网提供的客户反馈系统，使个人能够通过系统在网络上与他人分享关于产品、服务等的个人经验与意见。Datta等(2005)认为网络口碑提供了一种消费者之间通过网络浏览方式，围绕产品与服务展开，所进行的一种关乎消费者自身经验、消费期望与体验的感知分享在线情境。周晶晶等(2009)在合作研究中提出，网络口碑是指网络消费者采用图文、视频等多途径多媒体方式，依托互联网多渠道(如企业论坛、社交网站、电子邮件等)的功能实现对有关产品、服务及品牌信息的体验分享与信息交流。

2.1.5.2 动机研究

随着研究的不断深入，学者们继而开展了网络口碑行为动机研究。从网络口碑的信息发送角度出发的研究成果大多集中在网络口碑行为发起人自身的自我提升动机、自我效能动机、个性化表现动机、追求物质奖励动机、关爱他人消费者动机等领域。其中，Schindler等(2013)在其研究中首次提出传播口碑动机，其侧重点在于消费聚焦的自我表达机制，目标指向为聚焦消费关注的行为机制。其余大多研究主要为对网络口碑发布者行为动机的影响研究，如认为网络口碑的信息接收方所进行的关注、收藏、点赞及转发行为都会对发布者行为动机的促进产生正向效应。

从网络口碑的信息接收方角度出发的研究大多建立在消费者信息行为理论的基础上，通过定性分析、问卷调查研究、实验观测等技术方法，对网络信息接收者为什么会关注他人的信息发布与分享的心理过程进行解释。Goldsmith 等(2006)认为，网络口碑可以帮助人们降低搜寻成本。Bailey(2005)认为，网络口碑可以帮助建立与个人偏好一致的购买决策。Kim 等(2011)认为，网络口碑可以帮助降低购买风险等。除此以外，富于乐趣的熟人推介也被证实能正向影响网络消费者的信息搜索及购买行为，虽然此时的行为动机本身并无特定目标。

2.1.5.3　影响研究

目前网络口碑的影响研究主要集中于网络口碑对潜在消费者购买决策的效应研究。立足不同的认知与行为路径，消费者购买决策的效应可以分为知晓效应及说服效应。

知晓效应主要通过网络口碑向潜在消费者传递产品、服务及品牌信息，起到一个广而告之的作用，进而促进购买决策。Duan 等(2016)研究发现，网络口碑在传播产品信息、聚焦大众关注、树立品牌形象及传播企业态度方面，能产生显著的正向效应。Tsang 等(2009)以社交数据为研究对象，分别进行了传统营销方式与网络口碑营销两种渠道的定量研究，通过比较分析，结果显示网络口碑营销具备显著的长期弹性，营销效应为传统营销的 20 倍至 30 倍。

说服效应主要指因网络口碑本身带有显性的属性倾向，如正面口碑与反面口碑，而对消费者态度与认识起到一个引导与纠正的作用。Angelis 等(2012)进行了潜在消费者基于网络口碑的信息参与度研究；Shen W. 等(2015)研究了网络口碑如何影响客户满意度。Zhang 等(2009)进行了不一致评论及其性别差异对网络潜在消费者购买决策的调节作用研究。

2.1.6　在线评论理论

在线评论(online review)作为网络口碑的重要表现形式，已成为人们日常生活中制定购买决策的重要参考信息来源。总的来说，在线评论是以网络作为信息交流平台进行的消费者在线分享与信息交流。在线评论的特殊性在于口碑的表现形式与口碑的交流空间具有显著代表性。

现有关在线评论的研究分为三大主题：一是探讨在线评论特征与企业绩效之间的关系；二是探讨在线评论与其他变量对企业绩效影响的交互作用；三是探讨在线评论特征与评论有用性之间的关系。近年来涌现的大量研究探讨了评论有用性及其影响因素。

2.1.6.1 概念研究

在线评论的概念最早是由 Chen 等(2010)在对消费者购买决策行为进行研究时提出的。伴随后续研究的不断深入，“在线评论”的概念逐渐得以完善。Picazo 等(2010)在其计划行为的扩展理论研究中提出，在线评论是消费者之间基于网络信息平台交流并分享的关于产品、服务及品牌特质特性、使用体验等方面的信息。Kim 等(2011)在研究中强调的是在线评论的易获取性。Chen Yubo 等(2012)强调在线评论具有用户导向性，一般是由已消费用户向未消费用户传播。Peng 等(2014)强调在线评论具有双重效应，在线评论的发起人一方面作为信息提供者为潜在消费者提供用户导向信息，另一方面也给出了相应的建议。国内学者马玉涛(2012)立足移动商务特质，强调在线评论行为的发生主要来自消费者的自发性，具有不确定性。

2.1.6.2 效用研究

对应网络口碑的知晓效应与说服效应，也出现了对在线评论的效用研究。在线评论的效应分为知晓效应与说服效应。因在线评论具备的数据完整性及可获取性，可以对在线评论进行量化分析的效应研究。量化分析的主要变量来自在线评论的数量及在线评分，同时，它们也是评价知晓效应与说服效应的关键变量。在线评论数量衡量了网络口碑互动传播的深度及广度，在线评分直接显示出消费者对产品及服务评价的优劣。

在线评论知晓效应研究主要集中在在线评论内容感知有用性及情感共鸣有用性方面。在内容感知有用性方面，Mudambi 等(2010)在对亚马逊网站在线评论的实证研究中将评论有用性定义为顾客感知的产品评论对其购买决策过程的助益。他们认为在线评论数量是有用性评论最为重要的一项基本度量要素。Mudambi(2010)和 Mooew(2015)的研究认为在线评论长度、评级、评论类型等都是影响感知有用性的要素。Schindler 等(2012)研究认为在线评论的语言表达类型与方式也会对在线评论的感知有用性产生影响，如风趣幽默的语言表达将在一定程度上提升评论接受者对发送者的感知信任。相反，拼写错误或语言表达的缺失性将显著降低这种信任。在情感共鸣有用性方面，Yin 等(2014；2016)先后在对在线口碑实证的持续研究中发现，信息接收者可通过在线评论正面或负面的情感导向获取关于产品及服务的不同感知，进而影响在线评论的有用性。Peng 等（2014）通过对 Epinions 网站（www. epinions. com)经验数据的研究发现，情感强度也是信息接收者在线评论感知的一项情感要素。Yin 等(2014)提出情感线索，如疑惑、生气也会经由信息接收者的情感共鸣而影响评论效用。

除此以外，Baek 等(2012)研究发现在线评论者特征、排名及声誉等都会对在线评论效用产生影响，且影响程度因差异化的产品及服务而有所不同。Luca(2011)指出，在线评论发布者自身“身份”“声誉”等信息的揭露会影响信息接收者对于其在线评论的态度。

事实上，综观近年来针对评论有用性影响因素的研究，我们发现，不论作者是否明示，这些研究大部分运用信息质量框架来探讨信息质量的一些维度对评论有用性的影响。我们将现有研究提出的评论有用性影响因素分为信息质量因素和非信息质量因素。依据相关文献，可整理出信息质量维度和在线产品评论有用性的影响因素，如表 2.2 所示。

表 2.2　信息质量维度和产品评论有用性的影响因素

信息质量维度		在线产品评论有用性的影响因素	
信息质量类型	信息质量维度	信息质量因素	非信息质量因素
内在的信息质量	可信性、准确性、客观性、信息源的声誉	评论客观性、评论可信度、评论可诊断性	产品类型
情境的信息质量	值可加性、关联性、及时性、完备性、信息量的适度性	评论及时性、评论字数	
表达的信息质量	解释能力、易理解性、表达一致性、表达简明性	评论的平均段落长度、评论可读性、评论的字词错误率	
可达性信息质量	可达性、安全性		

2.1.6.3　影响研究

在线评论的影响研究主要包括两个方面：一是基于在线评论信息发布者角度的留评行为影响研究；二是在线评论对企业方产品、服务及品牌的影响研究。

纵观已有文献，留评研究相对较少，研究焦点与成果主要集中于印象管理、社会资本与声誉等方面。由于在线评论行为基于目标导向且处在相对匿名的网络环境中，因此，为了维护自身形象及声誉，聪明的在线评论信息发布者一方面需要尽可能提供有价值的信息，另一方面也会非常注重评价策略。Shen 等(2015)在对 Amazon 网站及 Barns&Noble 网站书评的实证研究中发现，在线评论信息发布者的排名系统会对其信息发布行为产生敏感性影响。在此基础上，他们又对评论发布者如何围绕评论发布维护自身形象并提高声誉进行了策略建议研究。

对评论客体企业方的影响研究是目前在线评论影响研究的热点，主要包括对企业绩效，如产品销量、市场盈利甚至公司股价方面的影响研究。Christiansen 等(2000)研究发现在线评论作为新型的网络交流渠道，能对产品、服务及企业品牌方面的正向传播起到积极的推进作用。Zhang 等(2009)以在线耐用品零售商的数据作为研究对象，认为在线评论存在日常变化，且对产品及服务的单日销售量存在显著影响。

在此基础上，学界还对在线评论及企业绩效之间的变量进行了扩展研究，包括中介变量及调节变量。Chul 等(2013)进行了品牌价值作为调节变量的影响研究，发现对于弱品牌销售业绩而言，正面与负面评论与其销售量成正相关，而对于强品牌销售业绩而言，则影响不显著。Hu 等(2014)对 Amazon 网站 4000 余种图书的书评面板数据进行研究发现，书评评分对图书的销售量并无显著直接影响，但通过评论可对潜在消费者产生情感共鸣进而间接影响其销售量。Gopinath 等(2014)将用户生成内容作为研究对象，指出相较于表达的数量来说，表达的内容往往会对企业绩效产生更为显著的影响。同时，依据在线口碑对企业绩效的贡献程度可对产品进一步分类，分为消费者主导产品及企业主导产品。

2.1.6.4 外部因素研究

在线评论外部因素研究的焦点主要包括与传统广告渠道的对比研究、在线用户个人偏好与心理研究、在线评论的跨文化差异研究及第三方平台立场研究等。

Racherla 等(2012)研究发现声誉较高的在线评论用户倾向于发表更长更全面的评论。Mobasher(2000)的实证研究发现较长及较频繁的在线评论能在一定程度上降低在线评论的偏差。Naylor 等(2012)对评论发布者身份进行分类研究，将其分为身份模糊的评论发布者及确定身份的评论发布者，并分别对其产生的传播影响进行分析，认为相较于确定身份的评论发布者，在线消费者往往更倾向于受到模糊身份的评论发布者的影响，原因在于消费者面对模糊身份的评论者会产生自我锚定效应，将其自行认定为相似偏好的类群进行身份代入，同时，这种自我锚定效应也会受到其他调节变量的控制。Fang

等(2016)侧重跨国文化差异对在线评论的影响研究，认为相较于中国消费者来说，西方消费者往往更倾向于表达，因此，在西方消费情境中，在线评论具备显著的有用性特征。

在线评论的网络平台包含多个类型：在线零售商网站(如 Amazon、eBay)、产品评论网站(如 consumer review)、社交网站(如 Facebook)等。这些网络平台风格各异，在不同程度上也会影响其在线评论的生成与传播，因此，学界对不同平台对消费者行为与决策的差异化作用开始了进一步研究。Brown(2012)以当地在线评论网站 Yelp 及 Trip Advisor 为例，探讨其对用户及企业的影响，并进行了如何管理与鼓励在线评论用户的对策研究。Dou 等(2012)通过实验法研究讨论了在线评论信息来源如何作用于在线评论本身。研究结果表明，大众评论比产品专业评论能获取更多的感知有用性与价值。Ye 等(2014)对易趣网的政策交替状况进行了应用分析，结果显示当因政策改变而引发了带有强烈主观色彩的报复性评论时，卖方通常会采取强制撤销评论的手段，而这种行为会造成连锁负面反应。

2.2 研究述评

本研究对旅游者网络信息行为、个性化推荐、情境应用、用户模型、网络口碑、在线评论等多方理论与方法进行了基础研究，主要分析了旅游者网络信息行为的意愿动机与行为过程、目前主流的个性化推荐方法与常用的技术手段、情境理论的概念与应用范畴、用户模型的构建意义、网络口碑与在线评论的概念、效用、影响和外部因素等多项理论来源与研究依据。该部分的理论基础研究对于后文立足用户行为分析来建立用户偏好模型、完成用户画像、选取个性化推荐方案并提出可供改进完善的空间等铺垫了有力的理论依据与技术可能。上述研究要点如下。

①在对旅游者网络信息行为理论及研究进行综述的过程中发现，旅游者由自身行为意愿出发，再基于网络发起的一系列包含信息搜寻在内的行为需求是其作出旅游决策的必要前提。学术界已对旅游者网络行为发起了诸多有益研究，但大多研究集中于旅游者行为的表象研究，侧重宏观层面的详尽探讨，对于在线旅游这一特殊旅游业态的商业服务价值的挖掘还不够深入，这为本研究的内容选取提供了一定的空间建议。

②在对个性化推荐系统与技术研究进行综述的过程中发现，目前主流的个性化推荐方案虽应用广泛，但依然存在局限与挑战(如新用户问题、特定偏好用户问题等)，且在具体业务场景上的应用研究较为缺乏。考虑到在线旅游

业务场景的特殊性，即季节性、无形性、生产与消费的异地性等特点，传统主流推荐方案难以满足个性化推荐要求，这为本研究的方法确立提供了一定的空间建议。

③在情境理论研究综述中发现，情境应用主要覆盖知识描述与推理、智能信息检索及移动商务等多个领域，具体实现方式包括情境建模技术及情境感知过滤。结合本研究个性化推荐的主要目标，笔者考虑选取情境感知过滤作为后续推荐方案的一个改进策略加以研究。

④在对用户模型、网络口碑及在线评论等信息渠道的概念研究与综述中发现，用户模型能从用户行为出发，聚拢用户需求，提取用户偏好，网络口碑及在线评论，是与时俱进的用户行为数据来源，需要有效加以利用。

2.3 研究设计

研究设计是科学研究有效开展的重要环节，是主要研究问题与拟解决方案之间的有效衔接过程。为达到更加科学系统的研究效果，本研究选择借助"发生学"的研究视角及"购前""外部"的研究导向，来探讨在线旅游产品与用户之间存在交互设计的存在性与可能性，并提出设计隐语义模型与情境感知过滤等技术方法，对现在个性化推荐的传统方案进行补充。

2.3.1 基于发生学的研究视角

研究视角的确立是科学研究过程的重要切入点，也是创新研究思路的关键。依据在线旅游实际业务场景的需求与过程的开展，本研究选取"发生学"的研究视角，依据发生学研究范式与方法，对在线旅游用户的相关网络信息行为进行科学阐述与探讨，最终指引在线旅游个性化推荐方案的提出与改进。

发生学原为自然科学的一种研究方法，也被称作"系统发生"，最早用于阐述地球历史发展中的物种进化与发展过程研究。自19世纪以来，发生学作为一种具有普适性的科学研究逻辑与范式逐渐被应用到人文社科领域，并获得了广泛的认可。发生学的基本逻辑来源于新事物发展过程中，主客体相互作用的发生认识论原理；其基本范式即探讨新事物在发展过程中的构造机制及其内在成因，最终揭示新事物产生及发展的内在本质与运行规律。

需要特别注意与澄清的是，在广泛的科学研究中，由于对概念本身的认识偏差，存在将发生学与起源学混淆的现象。也正因如此，本研究旨意强调基于发生学的研究视角，其概念本身侧重逻辑推理，其核心要义在于通过对人类历史进程中观念与认识的逻辑性研究，最终促成人类新知识结构的生成。

因此，就研究方法而言，发生学主张跨学科多种方法与手段并行，强调对象的过程性探究，这与本研究在线旅游的实际业务场景具备较高契合度。据此，本研究基于发生学的研究视角，旨意综合运用各类技术手段与方法，验证主观推理的逻辑假设，并对发生点的各个对象进行分类，以保证科学、动态、实时的持续研究。

本书基于发生学的研究视角，对在线旅游个性化推荐进行过程性探究，强调依据现有资料与经验进行逻辑假设。一方面，在线旅游产品与用户的量级与规模都日益庞大，不可避免地造成了信息匹配效率与消费体验质量低下。另一方面，互联网已然成为人们日常搜寻信息与出游消费的重要渠道，立足在线旅游用户网络行为分析，可在一定程度上聚拢用户偏好，逆向聚拢产品并优化产品设计与服务。最终，通过个性化推荐方案的提出与改进，可减弱在线旅游用户面对信息过爆的焦虑与困扰，同时提升在线旅游资源的有效配置与用户的消费体验，进而在在线旅游产品与用户之间创建一个富于逻辑且可充分持续的交互机制。

2.3.2 “主观＋外部”的研究导向

研究视角是开展科学研究的必要前提，研究导向决定了科学研究的展开方向。在2.1章节的理论基础上，基于发生学的研究视角，可初步认为在线旅游消费行为的全过程将受到用户主观需求及产品个性供给两方面的共同作用，据此可确立本研究“主观＋外部”的研究导向。

其中，主观作用来自在线旅游用户自身的某种目标导向性行为，即围绕在线旅游用户的自身主观需求与动机所进行的产品搜寻、比较及甄选等一系列行为，其前提是强调在线旅游用户已对其旅游消费行为产生需求并愿意付诸行动。外部作用不一定来自特定的消费需求，但却具备持续性，这也是在线旅游个性化推荐旨意涉及的消费盲区，即依据用户历史行为对其未来行为进行偏好预测，并据此进行个性化推荐。

消费者对搜索型产品的判断是由认知驱动的。相反，消费者对体验型产品的判断取决于美学情感体验和感官愉悦。因此，对于这两类产品，消费者搜寻和处理信息的方式是不同的。搜索型产品的特点决定了针对这类产品的消费者评论更可能是事实型的、客观性的，反映的是功能驱动的消费者经验；而体验型产品的消费者评论更可能是情绪型的、主观性的，反映的是消费者个人的特别感受。

对于搜索型产品，消费者比较容易从卖方提供的产品信息(如广告、产品测试报告、第三方专业报告等)中获得有用的信息，而搜索型产品评论提供的仍是一些客观事实型信息，当重复信息再次出现时，根据边际效用递减规律，产品评论信息的效用下降，即有用性降低。相反，对于体验型产品，卖方提供的产品信息对消费者而言是远远不够的，其他消费者提供的产品评论因个体体验差异而千差万别，消费者可以从其他消费者提供的产品评论中获得有关产品特征和产品质量的新信息和新观点。由于产品评论信息与卖方提供的信息并不重复，此时，边际效用递减规律的适用条件不成立，在线产品评论对消费者而言仍有重要价值。

第3章 数据的发现之旅

数据是新的石油。目前企业内部的数据量呈结构化及非结构化指数级增长。在每个垂直行业，数据洞察帮助企业产生更大的竞争力，同时机器学习模型正帮助改善产品特性及商业变革。

今天的企业数据丰富，但缺乏洞察。加特纳预测在2022年，80%的分析洞察将无法支撑具体业务的落地。另外，也有类似关联研究强调87%的数据项目无法部署到生产中。

大数据(bigdata)本身是一个比较抽象的概念，单从字面来看，它表示数据规模的庞大。但是仅仅从数量上的庞大显然无法看出大数据这一概念和以往的“海量数据”(massive data)、“超大规模数据”(very large data)等概念之间有何区别。对于大数据尚未有一个公认的定义，不同的定义基本是从大数据的特征出发，阐述和归纳这些特征。在这些定义中，比较有代表性的是3V定义，即认为大数据需满足3个特点：规模性(volume)、多样性(variety)和高速性(velocity)。除此之外，还有提出4V定义的，即尝试在3V的基础上增加一个新的特性。关于第四个V的说法并不统一，IDC认为大数据还应当具有价值性(value)，大数据的价值往往呈现出稀疏性的特点。而IBM认为大数据必然具有真实性(veracity)。维基百科对大数据的定义简单明了：大数据是指利用常用软件工具捕获、管理和处理数据所耗时间超过可容忍时间的数据集。目前，对大数据的定义很难达成一个完全的共识，这点和云计算的概念刚提出时的情况是相似的。在面对实际问题时，不必过度的拘泥于具体的定义，在把握3V定义的基础上，适当的考虑4V特性即可。

虽然数据湖正在收集大量数据，但大量数据是不一致的、不可解释的、不准确的、不及时的、非标准化的或不够用的。所以数据科学家在数据处理相关的工程活动上花掉大量的精力，其中包括系统校准、数据收集、元数据定义、特征工程、模型应用及系统应用等。这些处理方式超出了数据科学家们的洞察能力，会因依赖数据工程师和平台IT工程师而成为瓶颈，并且这些工程师通常缺乏必要的商业逻辑。由于数据工程的复杂性，在产品管理、市场营销、金融、工程等多领域，数据分析师和科学家很难获取数据，越来越多的数据公民希望降低获取数据的门槛。虽然关于机器学习模型编程改进的书籍非常多，关于特定数据技术的书籍也很多，但是很少有讲解数据工程操作案例的书籍。

一些企业已经明确了自动化的需求，并开始了从数据自助服务到数据洞察自助服务的变革。优步的 Michelangelo、脸书的 FBLearner Flow，都是用于自助服务平台的产品示例，帮助开发机器学习洞察。目前，还没有通用解决方案。但每一个企业都会在这方面进行积极探索，包括已有技术栈模块构建、数据集质量、用例支持类型及应用、人员技能等。例如，构建少数数据，科学家使用机器学习自助服务平台，并且使用清洗后的数据，这与传统数据服务平台有很大的不同。另一种平台支持异构数据，用户可以通过自建工具使用不同质量的数据集来进行数据接入、调度和其他构建模块的操作。

虽然在数据技术上进行了大量投入，数据自助平台项目常常失败，主要有三个原因：①在转换中迷失了数据用户真正的痛点。数据使用者和数据平台工程师没有共同语言。数据工程师没有充分理解业务和在整个业务过程中遇到的痛点。数据用户不了解大数据技术的局限性和现实。这将导致团队之间相互指责和抛出问题，而没能确立一个持久的解决方案。②为了技术而采用“闪亮”的新技术。考虑到过多的解决方案，团队经常采用下一个“闪亮”的技术，而没有清楚地理解问题，从而减慢了提取洞察的旅程地图的速度。通常，企业为了技术而投资技术，而没有减少洞察的总体时间。③在转型过程中处理的问题过多。团队经常以同时处理所有问题为目标。开发数据自助平台应该像开发自动驾驶汽车一样，自动驾驶能力不同，自动化水平和实现复杂性也不同。

3.1 从数据库到大数据

3.1.1 数据库与大数据

第一个里程碑是理解元数据的属性，比如数据来自何处，数据属性是如何生成的。元数据从数据库(database)到大数据，看似只是一个简单的技术演进，但细细考究不难发现两者有着本质上的差别。大数据的出现必将颠覆传统的数据管理方式，在数据来源、数据处理方式和数据思维等方面带来革命性的变化。

如果要用简单的方式来比较传统的数据库和大数据的区别，我们认为“池塘捕鱼”和“大海捕鱼”是个很好的类比。“池塘捕鱼”代表着传统数据库时代的数据管理方式，而“大海捕鱼”则对应着大数据时代的数据管理方式，“鱼”是待处理的数据。“捕鱼”环境条件的变化导致了“捕鱼”方式的根本性差异。这些差异主要体现在以下几个方面。

(1)数据规模

“池塘”和“大海”的区别就是规模。“池塘”规模相对较小，即便是比较大的“池塘”，比如VLDB(very large database)和“大海”XLDB(extremely large database)相比仍旧偏小。“池塘”的处理对象通常以MB为基本单位，而“大海”则常常以GB，甚至是TB、PB为基本处理单位。

(2)数据类型

过去的“池塘”中，数据的种类单一，往往仅仅有一种或少数几种，这些数据又以结构化数据为主。而在“大海”中，数据的种类繁多，数以千计，而这些数据又包含着结构化、半结构化及非结构化的数据，并且半结构化和非结构化数据所占份额越来越大。

(3)模式(schema)和数据的关系

传统的数据库都是先有模式，然后才会产生数据。这就好比是先选好合适的“池塘”，然后才会向其中投放适合在该“池塘”环境生长的“鱼”。而在大数据时代，很多情况下难以预先确定模式，模式只有在数据出现之后才能确定，且模式随着数据量的增长处于不断的演变之中。这就好比先有少量的鱼类，随着时间推移，鱼的种类和数量都在不断增长。鱼的变化使大海的成分和环境处于不断的变化之中。

(4)处理对象

在“池塘”中捕鱼，“鱼”仅仅是捕捞对象。而在“大海”中，“鱼”除了是捕捞对象之外，还可以通过某些“鱼”的存在来判断其他种类的“鱼”是否存在。也就是说传统数据库中数据仅作为处理对象。而在大数据时代，数据可作为一种资源来辅助解决其他诸多领域的问题。

(5)处理工具

捕捞“池塘”中的“鱼”，一种渔网或少数几种基本就可以。但是在“大海”中，一种渔网不可能捕获所有的鱼类。

从“池塘”到“大海”，不仅仅是规模的变化。传统的数据库代表着数据工程的处理方式，大数据时代的数据已不仅仅只是工程处理的对象，人们需要采取新的数据思维来应对。图灵奖获得者、著名数据库专家Jim Gray博士观察并总结人类自古以来在科学研究上先后历经了实验、理论和计算三种范式。在数据量不断增长和累积的今天，传统的三种范式在科学研究，特别是一些新的研究领域已经无法很好地发挥作用，这就需要一种全新的范式来指导新形势下的科学研究。基于这种考虑，Jim Gray提出了一种新的数据探索型研究方式，即科学研究的“第四种范式”。

第四种范式的实质就是从以计算为中心转变到以数据处理为中心，也就是我们所说的数据思维。这种方式需要我们从根本上转变思维。正如前面提到的“捕鱼”，在大数据时代，数据不再仅仅是“捕捞”的对象，而应转变成一种基础资源。数据资源可用来协同解决诸多其他领域的问题。计算社会科学(computational social science)基于特定社会需求，在特定的社会理论指导下，收集、整理和分析数据足迹(dataprint)，以便进行社会解释、监控、预测与规划。计算社会科学是一种典型的需要采用第四种范式来作指导的科学研究领域。Duncan J. Watts 在《自然》杂志上的文章“A Twenty-First Century Science”也指出，借助社交网络和计算机分析技术，21 世纪的社会科学有可能实现定量化的研究，从而成为一门真正的自然科学。

3.1.2 大数据的应用

人类历史上从未有哪个时代和今天一样可以产生如此海量的数据。数据的产生已经完全不受时间、地点的限制。从采用数据库作为数据管理的主要方式开始，人类社会的数据产生方式大致经历了三个阶段，而正是数据产生方式的巨大变化促进了大数据的产生。

(1)运营式系统阶段

数据库的出现使数据管理的复杂度大大降低。数据库大都为运营系统所采用，作为运营系统的数据管理子系统。例如，超市的销售记录系统、银行的交易记录系统、医院病人的医疗记录等。人类社会数据量第一次大的飞跃正是发生在运营式系统开始广泛使用数据库时。这个阶段最主要的特点是数据往往伴随着一定的运营活动产生并被记录在数据库中。比如超市每销售出一件产品就会在数据库中产生一条相应的销售记录。这种数据的产生方式是被动的。

(2)用户原创内容阶段

互联网的诞生促使人类社会数据量出现第二次大的飞跃。但是真正的数据爆发产生于 Web 2.0 时代，而 Web 2.0 时代到来的重要标志就是用户原创内容(user generated content，UGC)。这类数据近几年一直呈现爆炸性的增长，主要有两个方面的原因。首先是以博客、微博为代表的新型社交网络的出现和快速发展，使得用户产生数据的意愿更加强烈。其次是以智能手机、平板电脑为代表的新型移动设备的出现，使人们在网上发表自己意见的途径更为便捷。这个阶段数据的产生方式是主动的。

(3)感知式系统阶段

人类社会数据量第三次大的飞跃最终导致了大数据的产生，今天我们正处在这个阶段。这次飞跃的根本原因在于感知式系统的广泛使用。随着技术的发展，人们已经有能力制造极其微小的带有处理功能的传感器，并开始将这些设备广泛的布置于社会的各个角落，通过这些设备来对整个社会的运转进行监控。这些设备会源源不断地产生新数据，且这种产生方式是自动的。

简单来说，数据产生经历了被动、主动和自动三个阶段。这些被动、主动和自动的数据共同构成了大数据的数据来源，但其中自动式的数据才是大数据产生的最根本原因。正如 Hal Varian 所说，数据是广泛可用的，人们缺乏的是从中提取知识的能力。数据收集的根本目的是根据需求从数据中提取有用的知识，并将其应用到具体的领域之中。不同领域的大数据应用有不同的特点。

传统上，数据仓库从事务型数据库中聚合数据并生成回顾性处理报告。数据仓库解决方案通常由单个供应商打包和销售，其中集成了元数据目录、查询调度、借入连接器等功能。在有限的互操作情况下，查询引擎和数据存储结合在一起。

但在今天的大数据时代，数据平台是不同数据存储、框架和处理引擎的大杂烩，支持广泛的数据属性和洞察类型。在本地、云或混合部署中有许多技术可供选择，存储和计算的解耦使得数据存储、处理引擎和管理框架能够混合和匹配。大数据时代的口号是根据数据类型、用例需求、数据用户的复杂程度及与已部署技术的互操作性，达到“对的工具用于对的工作”的效果。传统数据仓库时代和现代大数据时代的关键区别如表 3.1 所示。

表 3.1 传统数据仓库时代和现代大数据时代的关键区别

项目	从传统数据仓库时代提取洞察	从大数据时代提取洞察
数据格式	结构化数据	结构化、半结构化和非结构化数据
数据特征	大数据量	具备 4V 特征的数据：数量、速度、多样性、真实性
生成数据目录	在聚合数据时定义	在查询数据时定义
洞察获取延迟	大多数洞察为回顾性（比如：发生在上周的商业事件）	洞察同时具有回顾性、交互性、实时性和预测性
查询处理方法	查询处理引擎和数据存储打包在同一个解决方案中	查询处理引擎和数据存储解耦
数据服务	作为一个统一解决方案集成	根据不同任务，可以自由搭配组合

开发数据可以分为四个阶段：发现、准备、构建和实施。

3.2 发　现

任何洞察项目都是从发现可用的数据集和工件开始的，项目开始的同时还要收集并提取洞察所需的相关附加数据。通常，数据发现的复杂性是由于企业内部难以扩展知识而产生的，因此，团队规模较小的企业相对更容易获得可靠数据。但随着数据的增长和企业团队规模的扩大，各业务部门之间总会不可避免地形成各自为政的竖井，因而无法形成单口径的事实来源。因此，要想了解数据的发展之旅，首先就要理解当前的数据用户是如何在不同质量、不同复杂度、不同相关性和可信赖性等的数据资源海洋中快速前进的，这就需要回到他们的出发点，即了解常用数据集的元数据，具体包括客户概况、登录日志、计费数据集、定价和促销等。

3.2.1　发现一个数据集的元数据细节

元数据在确定数据的质量和可靠性方面发挥着关键的作用。要了解常用数据集的元数据，首先需要理解元数据的属性，即数据来自何处，数据属性是如何生成的。当数据用户接触元数据时，这些数据知识来源于团队其他人已形成的可用知识，当然这些知识有可能已经过时或不再可靠。因此，再次收集和关联元数据时，就需要访问数据存储，接入框架、调度器、元数据目录、合规性框架等。这也是一个需要不断调试并循环往复的过程。

3.2.2　搜索可用的数据集

理解了数据集元数据的重要细节后，接下来就需要找到所有相关的数据集和工件(artifact)，如视图、文件、流、事件、指标、仪表盘、ETL和即席查询等。这个工作量是非常大的，在不同的企业规模下，会存在成千上万或数百万个数据集。因为企业规模的不同，数据用户可能需要花费数天或数周的时间来确定相关细节。目前的行业现状是，搜索严重依赖数据用户内部的团队知识和应用程序开发人员。当然，可用的数据集和工件也在不断地演进，因此，搜索可用数据集的过程也是一个需要不断控制和压缩成本的过程。

3.2.3　为机器学习模型创建特征

接下来的步骤是为机器学习模型创建特征，以便后续在特定的业务场景使用。例如，针对在线旅游行业，产品设计需要用产品开发收入预测模型进行检验，也就是需要使用按市场、产品线等划分的历史收入数值进行训练。在这个阶段，机器学习模型输入的属性（如收入）被称为特征（feature）。如果历史数值可用，那么属性就可以作为特征使用。在构建机器学习模型的过程中，数据科学家需要对特征组合进行迭代，以生成最准确的模型，并为机器学习模型创建特征，这大概会花费他们60%的工作时间。

3.2.4 聚合缺失的数据

在为机器学习模型创建特征后，还需要对缺失的数据进行聚合。首先，需要将已识别的数据集（如用户活动和消费账单记录）关联起来，以生成历史观察信息。其次，为了访问横跨不同应用竖井的数据集，通常还需要将这些数据集汇总并迁移到一个类似数据湖的中央存储库中。这个过程包括跨系统的数据迁移、验证数据的正确性，以及为适应数据源而进行的模式或配置更改。最后，因持续的用户活动会产生实时变化的数据集，聚合缺失数据也需要定期更新维护，涉及上述的关联、汇总、迁移和验证等一系列步骤。

3.2.5 管理点击事件

在这一阶段的最后一步，需要管理点击事件。首先，需要根据用户的点击、浏览和相关上下文（如上一步应用程序页面、访问者的设备类型等）分析用户活动。其次，为了跟踪这些活动，数据用户可以利用产品中记录活动的现有工具，或者添加额外的工具来记录用户的点击事件。最后，这些点击流数据需要经过聚合、过滤和丰富，才能用于企业团队的观察和分析。处理大量的点击事件极具挑战性，特别是在实时更新的在线旅游应用场景中。用户不仅表现出对已有产品的个性化选择需求，还可能暴露出对未知产品的潜在偏好需求。因此，对点击事件的管理需要细致的记录、深度的挖掘和专业的分析。

3.3 准　备

准备阶段的重点是为构建实际业务逻辑做数据准备，以便提取信息。准备工作是一项迭代的、时间密集型的任务，包括数据聚合、结构化、清理和验证。这个阶段涉及多种工具和框架。另外，准备阶段还需要进行数据治理，以满足合规的需求。

3.3.1 在中央存储库中聚合数据

在发现阶段中得到的数据会聚合在一个中央存储库中，这个存储库通常被称作数据湖(Data Lake)。根据数据模型和存储在磁盘上的格式，聚合数据需要有效地对数据进行持久化。与传统的数据管理类似，数据用户需要处理数据并处理所带来的各种问题，如确认数据更新的访问控制、数据更新备份、版本控制和数据的 ACID 属性等。

3.3.2 结构化、清理和验证数据

在数据湖中聚合数据后，我们需要对数据的格式进行再次核对，以确保正确。若在用户消费账单中，试用产品的用户有一个空的账单值记录，作为数据结构的一部分，我们需要将“null”直接转换为“0”。类似地，在特定用户使用时也可能存在其他类型的异常值，这些都需要逐一排除，以防止其影响整体的业务分析。在这个过程中，我们可以通过编写专门的脚本来实现自动化处理，会用到的编程语言通常是 Python、Perl 和 R 语言。我们也可通过人工来进行个性化处理，当然，人工编辑更加烦琐且耗时更长。

3.3.3 确保数据合规

数据合规是在更好地服务于观察用户体验和确保数据按照用户意愿使用的情况下，取得平衡的一种手段。若用户没有允许使用他们的行为数据来产生数据分析，我们就需要了解哪些用户数据可以用于支持哪些数据分析。总之，在网络平台中，我们需要时刻注意数据使用的伦理与规范。尤其是，一旦需要使用跨竖井数据集来持续观察用户数据，而这些用户数据可能还没有统一标识的时候，就更需要进行严格的数据治理工作。

3.4 构　建

构建阶段的重点在于编写并提取观察所需的实际业务逻辑。通过构建具体案例场景中的业务流程和可能遇到的业务选择，可决定数据分析的来源、渠道和技术手段。

3.4.1 决定访问和分析数据的最佳方法

在构建阶段，我们首先需要确定访问数据和分析数据的最佳方法。虽然数据湖中的数据可以作为对象持久化或者存储在专门的服务层中，即键-值存

储层、图数据库、文档存储层等。但在对数据进行分析时，我们必须依据具体的业务需要来选择适合且高效的数据访问和分析方法，我们需要决定是否利用原生 API 和数据存储的关键字来辅助分析。同时，我们也需要选择处理逻辑的查询引擎。例如，在 Presto 集群上运行简短的交互式查询，而在 Hive 或 Spark 上运行长时间的批处理查询。

3.4.2　确保转换逻辑

在实际企业管理流程中，出于成本控制考虑，业务管理流程往往需要一定的包容性和延展性。在业务流程开发中，依据给定的具体业务选择了相对适合的数据分析方法后，还需要同步确保业务转换逻辑。这一步骤通常需要实现提取-转换-加载(ETL)、提取-加载-转换(ELT)或流分析模式等多种应用。具体操作中，业务逻辑需要被转换成实际的代码，且这些代码需要具有高性能、可扩展及易于管理等特征。同时，在转换逻辑的过程中，还需要监控该逻辑的可用性、质量和变更管理，以确保未来在其他相关业务中该逻辑也能适配。

3.4.3　训练模型

训练模型是对转换后的具体业务逻辑进行机器学习的模型训练。首先，需要使用历史收入数值来训练模型。其次，伴随着数据集规模的增长和复杂深度学习模型的出现，训练时长会不断增加，甚至可能需要几天或几周的时间。训练模型是在由 CPU 和专用硬件(如 GPU)组成的服务器群上进行的。同时，训练是迭代的，模型参数值和超参数值有数百种排列，我们需要不断寻找最佳模型。模型训练也不是一次性的，一旦对数据属性进行了修改，也就同时需要对模型进行再次训练。

3.4.4　持续集成并更新

与传统的软件工程类似，机器学习模型会随着企业团队之间每天所做的多个业务决策更改而不断更新，更新的内容包括源模式的更改、特征逻辑的更新、依赖数据处理配置和模型算法的迭代等。为了集成更新，还需要跟踪与机器学习管道关联的数据、代码和配置。最后，通过在测试环境中部署并使用生产数据来验证更改。

3.5 实 施

完成上述发现、准备、构建阶段后，就进入在线旅程地图的操作阶段，观察模型将被部署到具体的业务环境中。此阶段会一直持续到观察模型在具体业务场景中被广泛使用为止。

3.5.1 优化查询

在完成机器学习模型建构时，数据用户已编写了数据转换逻辑，可能是用SQL查询，也可能是用Python、Java、Scala等实现的大数据编程模型查询(如Apache Spark或Beam)。一旦进入实施阶段，上述查询结果就会因使用方法的不同而呈现出显著差异。为保障后续实施过程的顺利进行，数据用户需要了解查询引擎(如Hadoop、Spark和Presto)中的基本配置参数，并了解如何调优配置参数。因此，优化查询是一项需要持续进行的活动。

3.5.2 编排业务

在这一步，需要将之前优化完成的查询与具体业务相关联，包括确定运行业务的最佳时间，确保数据与产品的依赖关系得到正确处理等。这一步骤是确保业务服务水平和底层资源能得以有效利用的重要平衡行为。编排业务的过程是对数据服务进行接入、准备、转换、训练和部署的过程。在这个过程中，数据用户也需要监控和调试业务管道，以确保这些数据服务的正确性、稳健性和及时性。同时要注意的是，这里的数据用户可能是单一用户，也可能是多群组用户，因此，我们在编排业务时也需要考虑数据服务的扩展性和适配性，以便支持企业内部的多个业务团队共同使用。

3.5.3 部署模型

这一步需要在业务环境中部署已训练的模型，并借由不同的程序调用得到预测值。部署模型不是一次性的任务，机器学习模型会不断得到训练并定期更新。在具体业务场景中，依据业务需求，数据用户可以使用非标准化的、自定义脚本来部署模型。这时还需要对模型进行定制，以适应广泛的机器学习库和工具、模型格式和部署端(如IoT设备、移动设备、浏览器和Web API)。在行业发展中，目前还没有标准的框架来监控模型的性能并根据负载实现模型的自动扩展。

3.5.4 监控质量

在模型实施阶段，由于每天的业务在不断产生并出现个性化问题，因此，模型总需要应对各种可能报错的突发事件，如不同步的源模式变更、数据元素属性的更改、数据接入问题、数据源和目标数据不一致、处理失败、生成指标的业务定义不正确等。在这一过程中，要实时分析异常的数据属性并调试检测问题出现的根本原因。

3.5.5 管理成本

与实体运营环境类似，在线旅游业务运营阶段的最后一步是成本管理。在云计算中，成本管理尤其关键，因为可能会使用第三方运营平台即付即用的付费模型。与传统的预先购买、固定成本的模式相比，如今的即时购买、波动成本的模式会使在线旅游业务使用量呈线性增长。同时，伴随着数据民主化，数据用户可能在日常工作中自助获取观察数据，这也有可能出现大量数据资源浪费导致成本上升。因此，在实施阶段，要想合理有效地使用数据，就需要不断权衡应用程序的价值、团队的支出预算，考虑如何适当利用分配的资源等问题。

总的来说，在数据的发现之旅中，数据用户需要将大量时间用于完成数据工程任务。数据用户的理想天堂是一个自助服务数据平台，它可以简化和自动化完成日常工作中遇到的这些任务。这也是未来研究的目标与方向。

第4章　数据的技术处理

如今的企业内部并不缺乏数据，但是使用数据来解决业务问题确是很多企业当前面临的主要挑战。这是因为以机器学习模型的形式构建观察，需要人们对数据属性有清晰的理解。在缺乏全面的元数据的情况下，人们可能对数据的含义及其质量作出不准确的预判，由此产生不准确的认知和理解。如何获取可靠的元数据是数据用户的痛点。因此，了解了大数据的发现、准备、构建和实施后，我们在实际业务运行中，还需要接触和了解另一个重要概念，即数据集。在在线旅游行业中，数据集非常重要，它包含了所有用户的账单记录等重要信息。因此，笔者从数据集出发，来逐步说明后续业务数据的抓取和存储是如何实现的。

4.1　数据集

4.1.1　理解数据集

构建新模型、使用新指标或进行即时分析的第一步是了解数据的来源、使用方式、持久化方式等数据细节。通过了解数据细节，可以作出更明智的决定，选出正确的数据集，从而在开发洞察时进行分析。理解数据集主要涉及以下问题。

(1)数据集在逻辑上代表什么？属性的含义是什么？这些数据集的事实来源是什么？

(2)谁或者哪个团队是数据集所有者？哪些人是主要数据集用户？

(3)使用什么查询引擎来访问数据集？数据集是否版本化？

(4)数据集存储在哪里？数据集副本存储在哪？数据集格式是什么样的？

(5)这些数据集的物理格式是什么，是否能被读取到？

(6)这些数据集的最后修改时间是何时？是否有分层存储？数据集的历史版本存储在何地？是否能相信这些数据集？

元数据目录是回答这些问题的唯一事实来源。我们需要主动地监控相关数据集涉及的问题，因为它们会影响洞察的正确性和可用性。

4.1.2　分析数据集

许多查询引擎可用来分析数据集。数据科学家可以根据数据集的属性和查询类型来选择合适的工具。同时，单个数据集可以使用多个查询引擎来读取，如 Pig、Spark、Presto、Hive 等。要注意的是，在此过程中，目标数据存储中的表需要使用目标表的数据类型。为了支持多个查询处理框架，也需要将规范数据类型映射到各自的数据存储和查询引擎类型中。

4.1.3　知识的扩展

当数据科学家在他们的项目中使用不同的数据集时，他们会发现与业务词汇表、数据质量等有关的额外细节。当这些额外细节无法忽略时，数据科学家就会针对这些细节展开讨论，进而产生非预知的信息和知识。这些信息和知识也被称为团队知识。通过丰富数据集的元数据目录细节，这些团队知识也可在数据用户之间实现共享。

按照这样的思路，在本研究中，在线旅游的用户会在实际产品和服务的体验中，主动、不断地产生新数据，并同时提供更多的业务词汇，补充更多的业务数据。这一过程在本研究中属于在线旅游个性化推荐的知识互动与业务扩展。通过这一过程的循环往复，可以建立更丰富的元数据目录细节，促进后续个性化推荐的高质量产出。

4.2　减少解释耗时

解释时间表示数据科学家在构建观察之前理解数据集细节所花费的时间。在构建在线旅程地图的第一步，解释时间越长，观察时间就越长。减少解释耗时，不仅可以减少开发过程中不必要的多次迭代，还可以保证观察的总体质量。依据数据集的分类，减少解释耗时可分为三条路径：抽取技术元数据（technical metadata）、抽取操作元数据（operational metadata）和收集团队知识。

4.2.1　抽取技术元数据

技术元数据由数据集的物理元数据和逻辑元数据组成。物理元数据涵盖与物理布局和持久性相关的细节，如时间戳、物理位置和格式、存储层等。逻辑元数据包括数据集架构、数据源细节、生成数据集的过程及数据集的所有者和用户。技术元数据可从单个数据源中提取，而不必跨多个数据源进行关联。值得注意的是，在抽取技术元数据时，往往会碰到三个比较大的挑战。

(1)格式不同

每个数据平台都会以不同的方式存储元数据。例如，在 Hadoop 分布式文件系统中，元数据是按照文件和目录存储的，而 Kafka 的元数据是按照主题存储的。创建适用于所有平台的统一规范的元数据模型并非易事。通常的策略是应用最小分母，这样会得到一个不准确的抽象。按照不同的数据格式，数据集存储在诸多存储中，因此提取元数据需要不同的驱动程序来进行连接和提取。

(2)模型推理

推理的定义是结合知识，通过多个推理步骤，对海量数据进行高效的训练，从而快速地对各种复杂业务场景进行分析和决策。在这个过程中，需要结构建模、将多模态概念参数化、从多模态证据中推断出抽象概念、从定义组成和结构研究中推导可用的业务知识。这一过程对数据集的属性和质量有较高的要求，实施的过程充满挑战。

(3)跟踪修改

元数据会不断变化。考虑到数据集的变化和增长趋势，保持元数据的及时更新是一个挑战。

4.2.2 抽取操作元数据

除了业务元数据、技术元数据之外，还有一类元数据是操作元数据。这三者之间关系紧密，业务元数据指导技术元数据，技术元数据以业务元数据为参考进行设计，操作元数据为两者的管理提供支撑。

操作元数据不是通过连接到数据源生成的，而是跨多个系统将不同的元数据状态拼接在一起生成的。由于处理框架的多样性，抽取操作元数据的挑战之一是如何将细节组合在一起并从代码中为数据进行溯源。这里就要提到"数据血缘"的概念。数据血缘属于数据治理中的一个概念，指在数据溯源的过程中找到的相关数据之间的联系。如若给定多个不同类型的数据库、调度器、查询引擎和商业智能工具，那么要理解跨不同处理框架、数据平台和调度系统的总体数据流和数据血缘就具有较大难度。

另一个挑战是如何获得完整的数据血缘，并进行血缘分析。由于访问数据事件的日志数量可能非常大，因此，传递闭包的大小也可能非常大。通常，要在血缘关联的完整性和效率之间进行权衡，方法是只处理日志中一个数据访问事件的抽样。在获得完整的数据血缘后，需要进行血缘分析。血缘分析是数据治理中经常会提到的概念，它是促进数据融合的重要手段。血缘分析对数据流转过程中产生并记录的各种信息进行采集和处理，对数据之间的归属性和层次性关系进行系统性梳理、关联和存储。考虑到数据庞杂，数据血缘分析往往需要借助工具或系统展开。

4.2.3 收集团队知识

团队知识是元数据的重要组成部分。伴随着业务的发展与专业性的提升，数据团队也需要成长，他们需要更多的互动以产生新的想法。这些通过团队互动产生的想法即是团队知识，主要包含两类。

(1)团队在以用户视角生成的信息上确认的业务注释、文档和属性描述。这些描述是通过用户的参与和协作创建的，最终形成一个源自用户视角的文档知识库。

(2)团队进一步加工、提炼出的业务分类规则或术语表。这些内容会直接应用于团队业务结构和业务流程中的数据指标构建，以及与数据集(如测试账户、策略账户等)相关联的业务规则制定。

4.3 定义需求

与传统的企业数据管理不同，虽然元数据目录服务也能够提供元数据的一站式服务，但该服务是事后的。也就是说，不同于传统企业数据管理中的预先管理数据集，元数据目录服务会在数据集被各种管道创建或更新之后，才开始收集元数据，且无法影响数据集的所有者或用户。因此，我们需要在这个过程中做好需求的提前定义准备。

4.3.1 提取技术元数据的技术需求

定义需求的第一步是了解提取技术元数据所需的技术要求，从而确保使用合适的方式来提取元数据，并正确表示数据模型。涉及的系统列表包括以下类别：调度框架(如 Airflow、Oozie 和 Azkaban)、查询引擎(如 Hive、Spark 和 Flink)以及关系型和 NoSQL 数据存储(如 Cassandra、Druid 和 MySQL)。

定义需求的第二步是获取元数据的版本支持，即跟踪元数据的版本与最新版本的差异。这一步的关键是要确认新版本是否能继续支持持久化的历史记录数量，以及新旧版本在查询元数据历史记录问题上的有效关联。确认这些信息不仅对于定义需求的调试工作很重要，也会对数据库中的回滚用例产生帮助。

4.3.2 操作元数据的需求

为了提取处理作业的血缘，需要解析查询以提取源表和目标表。定义需求这一步骤涉及获得跨所有数据存储和查询引擎(流处理任务和批处理任务)的查询类型清单，包括 UDF。目标是找到支持这些查询的查询解析器。在这个操作过程中，需要特别注意的是，有必要澄清是否需要支持数据集的可用性告警、是否处理元数据的异常跟踪，以及是否发布管道执行的 SLA 告警。

4.3.3 团队知识聚合的需求

团队知识的聚合，主要是依据需求执行。需求主要包含以下内容：

(1)是否需要商业词汇；

(2)是否需要限制可以添加到团队知识中的用户类型；

(3)是否需要验证规则或元数据检查；

(4)是否需要使用沿袭来传播团队知识。

4.4 处理框架

大数据的应用类型很多，主要的处理模式可以分为流处理(stream processing)和批处理(batch processing)两种。批处理是先存储后处理(store - then - process)，流处理是直接处理(straight - through processing)。

4.4.1 流处理

流处理的基本理念是数据的价值会随着时间的流逝而不断减少，因此，要尽可能快地对最新数据作出分析并给出结果是所有流数据处理模式的共同目标。流数据处理的大数据应用场景主要有网页点击数的实时统计、传感器网络、金融中的高频交易等。流处理将数据视为流，源源不断的数据组成了数据流，当新的数据到来时就立刻处理并返回所需的结果。

实时处理数据是一个很有挑战性的工作。数据流本身具有持续达到、速度快且规模巨大等特点，因此，在实时处理中，通常不会对所有数据进行永久化存储。同时，数据环境也处在不断变化之中，系统很难准确掌握整个数据的全貌。由于时间限制，流处理的过程基本在内存中完成，其处理方式更多依赖内存中设计巧妙的概要数据结构(synopsis data structure)，因此，内存容量是限制流处理模型的一个主要瓶颈。

4.4.2 批处理

目前行业内比较具有代表性的批处理模式是映射-归约编程模型，因其主要用于大规模数据集(>1TB)的并行运算，所以被广泛应用为面向大数据并行处理的计算模型、框架和平台。在映射处理阶段，模型会首先将用户的原始数据源进行分块，继而交由不同的映射任务区进行处理。映射任务从输入中将键值对集合解析出来，其后从这些集合执行用户自行定义的映射函数中得到中间结果，再将该结果写入本地硬盘。在归约处理阶段，模型从硬盘上读取数据后，会根据关键词值进行排序，将具有相同key值的数据组织在一起。最后，用户自定义的归约函数会作用于这些排好序的结果并输出最终结果。

无论是流处理还是批处理，都是大数据处理的可行思路。大数据的应用类型很多，在实际的大数据处理中，常常并不是简单地只使用其中的某一种，而是将二者结合起来。互联网是大数据最重要的来源之一，很多互联网公司根据处理时间的要求将自己的业务划分为在线(online)、近线(nearline)和离线(offline)。其中，在线处理时间一般为秒级，甚至是毫秒级，因此通常采用上面所说的流处理；近线的处理时间一般是分钟级或者小时级，因此对其处理模型并没有特别的要求，可以根据需求灵活选择；离线的处理时间可以以天为基本单位，基本采用批处理方式。

4.4.3 基本流程

大数据的数据来源广泛，应用需求和数据类型都不尽相同，但是最基本的处理流程是一致的。海量Web数据的处理是一类非常典型的大数据应用，我们从中可以归纳出大数据处理的最基本流程。Scholar Space由中国人民大学网络与移动数据管理实验室开发，目标是建立一个“以人为本”，即以作者为中心来展示多学科中文文献的集成数据库系统。该系统已经从最初的计算机领域扩展到包括经济、法律等人文社会科学在内的多个领域。从数据抽取和集成，一直到最终的结果展示，Scholar Space完整地体现出大数据处理的一般流程。在其基础上，我们可归纳出大数据处理的基本流程，如图4.1所示。

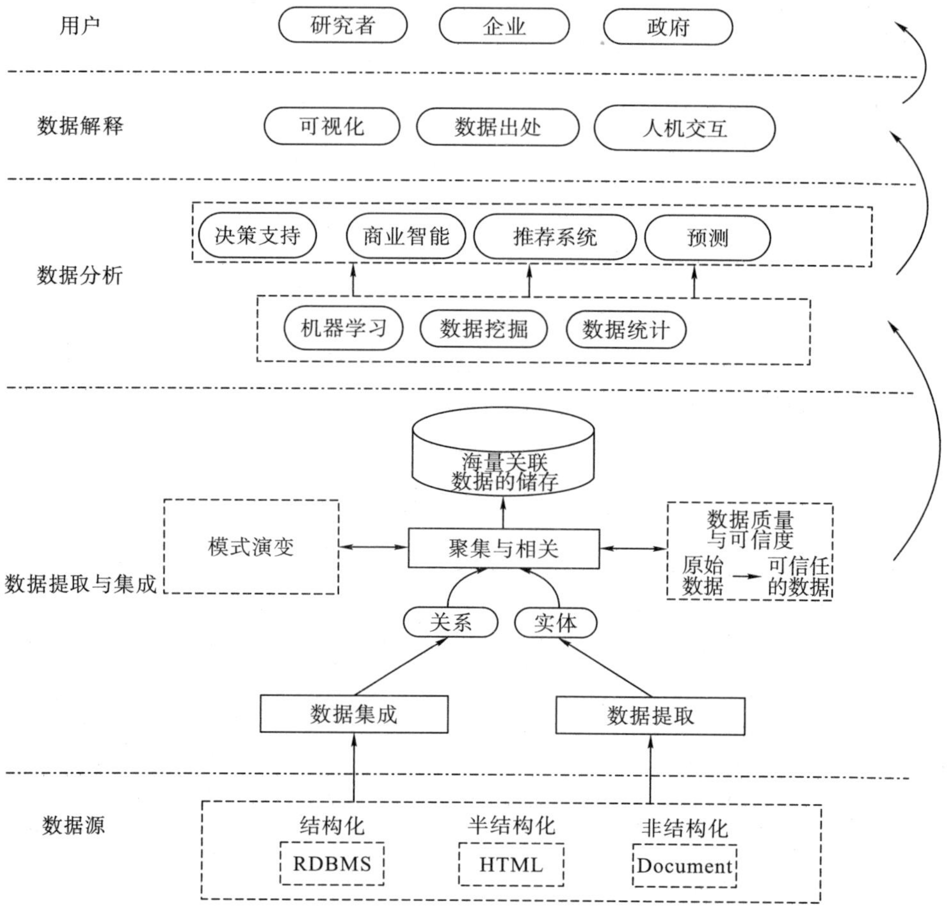

图 4.1　大数据处理基本流程

整个大数据的处理流程可以定义为在合适工具的辅助下，对广泛异构的数据源进行抽取和集成，最后按照一定的标准统一存储。利用合适的数据分析技术对存储的数据进行分析，我们可从中提取有益的知识并利用恰当的方式，将结果展现给终端用户。

4.5　实现方式

元数据目录服务有三个不同级别的自动化模式，每个模式都与一组自动化的任务相对应。这三项模式如下。

(1)源特定连接器模式

简化不同数据源的连接，并提取与数据关联的元数据信息。

(2)血缘关系模式

自动提取关联源表和目标表的转换血缘。

(3)团队知识模式

简化业务上下文的聚合和数据用户之间的知识共享。

4.5.1　特定源连接器模式

特定源连接器模式使用基于URN的命名来标识数据集，它从源数据提取元数据用以聚合，最后得到技术元数据。该模式由两个构建模块组成。

(1)自定义提取器

特定源连接器用于连接并持续获取元数据。自定义提取器需要适当的访问权限来授权凭据，以便连接到RDBMS、Hive、GitHub等数据存储。对于结构化和半结构化数据集，在提取时，我们首先需要确认这些数据集的逻辑结构模式，并理解数据语义。一旦提取器连接到源数据，它就能通过已确定的逻辑结构模式和语义，进行自动分类并收集详细信息。

(2)元数据持久化

元数据细节以规范化的方式持久化，各自的系统仍然是模式元数据(Schema Metadata)的事实来源，因此，元数据目录不会在其存储中保存元数据细节，而只会直接存储与数据集有关的业务，以及用户已经定义的元数据，并将这些信息同步到搜索引擎。

4.5.2　血缘关系模式

血缘关系模式将跨数据和作业的操作元数据组装在一起，并与执行状态结合在一起。通过将作业执行记录与血缘相结合，该模式可以用来解决一些问题，包括数据时效性、SLA、调整指定表的下游作业、基于使用情况对管道中的表进行排序等。该模式由三个构建模块组成。

(1)查询解析模块

该模块可以按照计划模式随机抽取数据并进行转换和加载，进而完成对数据血缘的追踪。可以借助作业调度器、数据存储日志、流式日志、GitHub存储库等完成收集工作。查询解析的输出会同时展现输入表和输出表，解析主要对SQL语句进行语法和语义分析。询读取和写入的表。查询解析不是一次性活动，而是不断更新的。查询可以用多种语言编写，如Spark、Pig和Hive。

(2)管道相关模块

该模块由多个数据转换作业组成。每个作业由一个或多个脚本组成，每个脚本可以有一个或多个查询或执行步骤。管道血缘视图是通过连接与每个查询关联的输入和输出表来构造的。这些信息是从接入框架、调度器、数据存储和查询引擎中特定系统的日志中提取的。

(3)丰富血缘模块

该模块需要将血缘分析的所有统计信息(包括完成时间、处理的数据基数、执行中的错误、表访问的频率、表的计数等)添加到血缘视图相应的表和作业中。据此，我们就能够将表和作业的异常情况与整个管道的执行过程关联起来。

4.5.3 团队知识模式

团队知识模式侧重数据用户定义的元数据，可丰富与数据集关联的信息。其目标是让数据用户分享他们的经验，并帮助团队内部或团队之间扩展知识。尤其在数据集没有被很好地记录，有多个事实来源、在质量上有差异，或数据集的大部分数据不再被维护时，采取团队知识模式更具价值。该模式由两个构建模块组成。

(1)数据文档

数据文档包括属性含义、枚举和数据描述的细节。用户可以根据自己的使用经验，使用自由形式的元数据来注释列表。此外，数据集所有者可以用个性化的描述来标注数据集，从而帮助用户找出适合他们使用的数据集。

(2)业务分类和标签

该模块中的业务分类即是对组织的数据集进行分类化处理，以便于数据用户选择和使用。模块中的标签一般用于管理数据生命周期，可用来标记包含敏感信息的数据集，以此提醒数据集所有者再次进行检查核对，以确保数据得到适当处理。

第5章　基于行为分析的用户模型与画像

中国在各方面都存在很大的长尾市场，互联网很大程度上弥补了信息的不对称，移动互联网又能不受时间地点限制精准地将信息送达任意一个用户。面对如此巨大规模的用户流量，新时代的商业模式应如何将流量变现，实现产品的商业价值呢？相比传统的线下会员制管理、问卷调查、购物篮分析等，大数据技术能创新性地帮助企业仅仅通过互联网就能便利地获取用户更为广泛、全面的反馈信息，并对企业方收集到信息进一步进行细分处理，最终产生能指导供给与需求的个性化企业经营模式与理念措施。这一过程的具体实施就是构建基于行为分析的用户模型与画像。

5.1　概念解释

如今，大众对于“用户行为”“用户偏好”乃至“用户模型”“用户画像”等词汇已存在一个默认的感知，甚至对其理解可能已固化为常识。但考虑到本研究后续需要用到算法模型，对此类词汇缺乏正确认知将会影响对本研究算法模型的深入理解，进而导致感知模糊。因此，本研究首先要对相关概念进行限定与解释。

5.1.1　用户模型

用户模型是对用户的一种划分，是虚构出的一个用户，用来代表一个用户群，它将一个类的概念转化成为一个角色。一个用户模型比任何一个真实的个体都更具有代表性。本研究中的用户模型是以用户在线旅游经历记录与兴趣偏好表征为研究对象与分析基础的用户属性集合模型。构建这一用户模型的最终目的是为了体现用户在在线旅游平台应用领域的一个切面或投影，它能囊括与用户行为有关的所有属性特征，并体现用户对产品及服务的价值感受与潜在需求。

5.1.2 用户画像

伴随着对人的了解的逐步深入，一个能完美地抽象出用户信息全貌的关于人的概念被提出，它就是"用户画像"。这里的用户指代的是已使用及有可能未来会使用某种产品及服务的目标用户；这里的画像是指能够客观、准确、可视化地描述目标用户的工具或方法。用户画像就是在用户模型构建基础上形成的一类标签体系，其目的是用标签对现实中的用户进行数字化聚合与描述。

5.1.3 实体域

当需要基于用户行为分析来创建用户偏好模型时，应先将用户行为与主题限定在一个实体域中，以表示研究中的行为与数据来自真实世界中的实体。本研究的最终目标是对在线旅游平台上的目标用户作出个性化推荐，因此，本研究中用户模型的实体域为在线旅游平台中的所有旅游产品域。

5.1.4 用户行为与生成数据

泛化来讲，用户行为由最简单的五个元素构成：时间、地点、人物、交互及交互的内容；细化来讲，用户行为包括需求表达、信息获取与信息利用三项具体的行为事件。之于本研究，用户行为可描述为：在线旅游平台中，用户在其个体思想动机支配下所进行的旅游需求表达、产品及服务信息获取及信息利用行为，包括网站用户注册、信息浏览、产品点击、服务购买及消费评论等一系列行为。

对于用户一系列的行为发生，可依据对用户行为日志的汇总处理，得到一份易描述且易理解的会话日志。这一会话日志即是用户行为生成数据的可视化描述。依据数据层次与效用差异，可将用户行为生成数据大致划分为三个分析层次：宏观层、中间层与微观层。宏观层由一系列数据指标构成，如某一在线旅游产品每日的"活跃用户数""新增用户数""成交订单数"等；中间层由一系列相互关联的分析方法、模型及相应数据构成，如用户细分、漏斗分析、留存计算、用户画像等；微观层由在线旅游用户及其行为的细节数据构成，如用户的年龄、性别、浏览数据、点击数据、下订单数据、支付数据等。

基于用户行为分析视角，本研究选取微观层数据作为研究对象，聚拢在线旅游用户海量且全面的旅游行为信息；选取中间层数据作为研究方法与技术手段，对微观层数据进行有效的模型分析与计算度量；选取宏观层数据进行整体感知与初步预测，最终结合中间层数据分析结果完成策略研究。

5.1.5 用户偏好主题与空间

用户偏好主题是从用户行为中抽取出来的偏好维度，偏好维度同样是限定在实体域的偏好，通常可以以标签形式呈现，如“亲子”“家庭”“游乐”等。对于不同行业、不同门户网站的标签分类会存在差异，并无统一标准。偏好维度下的粒度(数据汇总的层次或深度)也不固定，选取何种粒度的偏好空间取决于用户偏好模型的构建要求。

用户偏好空间指在同一层次上用户偏好的集合。例如，在线旅游网站可以用“一线海景”“亲子房型”“超值套餐”来构成一个旅游产品偏好空间。

5.1.6 相似性计算

构建用户模型的关键是进行用户与产品、用户与用户、产品与产品等对象之间的相似性计算。相似性计算是用来衡量数据之间相似程度或距离的度量方式。目前，相似性计算方法有距离度量法及相似系数计算法两类。常用的距离度量法是明氏距离，依据明氏距离又衍生出了欧氏距离、曼哈顿距离、切比雪夫距离等。相似系数计算法包括余弦相似系数、Jaccard 相似系数、Pearson 相关系数等。其各自计算公式如式(5.1)、(5.2)、(5.3)、(5.4)、(5.5)、(5.6)所示。

明氏距离：

$$d_{ab}=\left(\sum_{k=1}^{n}|x_{ak}-x_{bk}|^{p}\right)^{\frac{1}{p}},(p>0) \tag{5.1}$$

特殊地，当 $p=1$ 时，即是衍生出的曼哈顿距离：

$$d_{ab}=\sum_{k=1}^{n}|x_{ak}-x_{bk}| \tag{5.2}$$

当 $p=\infty$时，即为衍生出的切比雪夫距离：

$$d_{ab}=\max_{1\leqslant k\leqslant m}|x_{ak}-x_{bk}| \tag{5.3}$$

余弦相似系数：

$$\cos_{ab}=\frac{\sum_{k=1}^{n}x_{ak}\,x_{bk}}{\sqrt{\sum_{k=1}^{n}x_{ak}{}^{2}}\sqrt{\sum_{k=1}^{n}x_{bk}{}^{2}}} \tag{5.4}$$

Jaccard 相似系数：

$$J_{ab}=\frac{|a\cap b|}{|a\cup b|} \tag{5.5}$$

Pearson 相关系数：

$$p_{ab}=\frac{\sum_{k=1}^{n}(x_{ak}-\overline{x_a})(x_{bk}-\overline{x_b})}{\sqrt{\sum_{k=1}^{n}(x_{ak}-\overline{x_a})^2}\sqrt{\sum_{k=1}^{n}(x_{bk}-\overline{x_b})^2}} \tag{5.6}$$

其中，p_{ab}表示向量 $\boldsymbol{a}$、$\boldsymbol{b}$ 之间的距离，x_{ak}、x_{bk} 表示 $\boldsymbol{a}$、$\boldsymbol{b}$ 的第 k 维度的取值。

对比距离度量法与相似系数度量法各自的计算公式可知，前者因其侧重强调数据对象特征的绝对差异而更适合体现维度差异的实证分析，相反，后者对绝对数值并不敏感，而是侧重从方向上体现差异性。

考虑到本研究已确立用户行为分析的研究视角，因此属于基于行为分析的单一维度研究，其数据特征主要聚拢在兴趣偏好方向上的差异。因此，在下一步用户模型的构建中，本研究选取余弦相似系数来进行相似性计算。

5.2 用户行为数据采集

完整全面的基于用户行为分析视角的研究，需要获取用户生命周期内在网站上的所有行为记录，获取渠道大体包括网站数据、Web 服务器日志记录数据与客户端用户行为数据。网站数据主要是指网站页面上所能显示的信息概况，包括产品的名称、类目，用户账户信息、用户订单信息、用户评论信息、用户分享记录等；Web 服务器日志是服务器端为响应用户请求而记录的完整服务器处理请求的日志，包括用户 ID、用户 IP 地址、请求访问时间、请求响应时间、请求内容链接、请求参数(页面表格数据)等；客户端用户行为数据是指发生在用户客户端的行为信息，使用客户端运行程序。例如，可以开发一套客户端软件，供用户下载并安装，也可以在用户请求的页面植入 JavaScript 代码，通过植入的 JavaScript 代理代码来收集用户在浏览器中发生的所有行为数据，包括页面点击、页面输入信息等单个用户行为数据。这三类用户行为数据收集渠道的优劣势对比如表 5.1 所示。

表 5.1　用户行为数据收集渠道比较

优劣势	网站数据	Web 服务器日志	客户端用户行为数据
优势	网站页面内容稳定	信息记录完备	数据收集灵活
	内容确定性强	方便对历史数据再处理	对访问者行动追踪更为准确
	获取可操作性较高		可定制性强
劣势	获取成本较高	获取难度高	获取可操作性较低
		无法捕获页面具体业务信息	技术门槛较高

对比以上数据收集渠道的优劣，综合考虑数据可收集与可处理的接受程度，本研究采用网站数据作为收集渠道。线上数据主要来源于某知名在线旅游网站亲子游专题产品在2020年7月1日至12月31日所有用户生成的在线行为数据。获取方式为使用爬虫程序对网站相关页面进行整体爬取并保存，再对保存的网页html格式文件进行读取并解析页面关键信息，最后将该部分抽取的关键信息数据保存到关系型数据库SQL Server中进行归档。数据获取流程如图5.1所示。

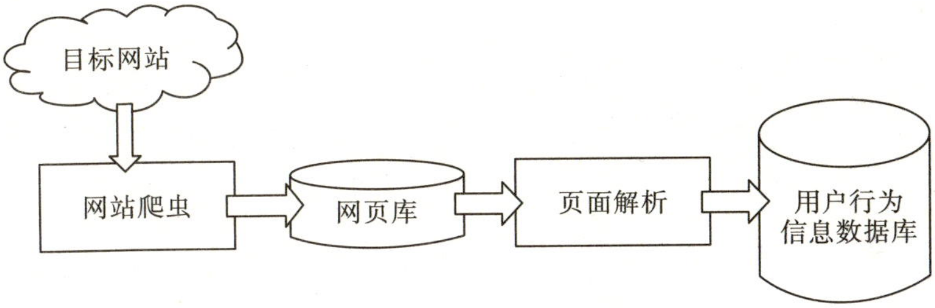

图5.1　数据获取流程图

其中，爬虫程序来源于各种开源网站中的多功能开源爬虫代码。利用爬虫代码可从网站上爬取的原始页面信息为标准的HTML格式文件。经过页面解析，可进一步从页面代码中抽取与用户行为相关的属性信息。

基于实时仪表盘，我们可以实现客户360画像、个性化场景等的可视化。实时跟踪用户行为，可以更新推荐、执行高级A/B测试和向客户推送通知。构建洞察需要关联实时事件流和批处理数据，并以亚秒级事件处理和传递效率，每秒处理数百万个事件数据。

处理数据需要关联客户ID(称为身份拼接，identity stitching)。身份拼接将客户匹配到尽可能多的可用标识符，以获得精确的匹配画像。这有助于对原始事件进行更准确的分析，并针对所有接触点定制客户体验。现在的客户使用多种设备进行交互，他们可能在台式机上开始网站探索，在移动设备上继续，然后使用不同的设备作出购买决定。重要的是要知道这是同一个客户还是不同的客户。通过跟踪单个管道中的所有事件，可以通过匹配IP地址的方式来关联客户事件。相关性的另一个例子是在客户打开电子邮件时使用Cookie ID，然后让Cookie跟踪电子邮件地址的哈希编码。

采集用户行为数据是一个增量的过程。依据可获取途径的不同，用户行为数据可分为显性数据信息(explicit information)与隐性数据信息(implicit information)两种。

(1)显性数据信息

该类数据信息大多为主观贡献信息，如在线旅游网站的用户注册信息、用户对已消费产品及服务的评价反馈信息等。获取显性数据信息需要用户的积极配合。显性数据信息直观便捷，且具有针对性。但当用户对自身感知兴趣点较为模糊时，所提供的数据可信度会显著降低。

(2)隐式数据信息

该类数据信息主要为用户的“无意识”或“自然”的在线行为信息，如用户的主题搜索、兴趣点复制粘贴等，以及用户的在线操作统计信息，如点击次数、页面浏览时间、访问顺序等。由于隐性数据信息不需要用户的主观配合，且所有与个性化推荐系统有过交互行为的用户都能提供这类信息，因此数据来源更加广泛，数据质量更客观真实。但隐性数据信息对个性化推荐系统的要求较高，相较于显性数据信息来说，其数据分析的处理难度也更大。

显性数据信息与隐性数据信息的数据特征比较如表 5.2 所示。

表 5.2　显性数据信息与隐性数据信息的数据特征比较

项目	显性数据信息	隐性数据信息
数据立场	主观	客观
数据体量	有限	无限
数据存储位置	数据库	分布式文件系统
数据反馈信息	正负均有	只有正反馈
数据读取时间	实时	存在延迟
数据处理难度	简单	较难
用户兴趣偏好	明确	不明确

在网页公开部分可获得旅游产品的产品名称、产品价格、出发地、目的地、出游天数、出游人数、评论 ID、评论日期、评论内容及评分等信息。为保证与提升研究有效性，本研究剔除了评论数量小于等于 10 及销量等于 0 的旅游产品评论样本。为方便对收集到的原始数据进行计量统计分析，本研究将采集到的用户显、隐性数据信息存储在 SqlServer 关系数据库中，总样本量为 50 万用户数所产生的 1579840 组数据，并依据在线旅游实际业务场景对其进行数据结构设计，包含 3 个类别共 23 项属性信息，如表 5.3 所示。

表 5.3　数据结构设计

数据类别	变量	中文说明
产品基本信息	Product-Name	产品名称
	Product-Price	产品价格
	Product-Content	产品内容
	Departure	出发地
	Destination	目的地
	Travel-Time	出游时间
	Travel-Days	出游天数
	Travel-Number	出游人数
	User _ Id	用户 ID
	Gender	性别
用户基本信息	Age	年龄
	Registration-Time	注册时间
	Residential-City	居住城市
用户行为信息	Page-Click	页面点击
	Page-Browsing	页面浏览
	Page-Dwell time	页面停留时间
	Place-Order	下订单
	Cancel-Order	取消订单
	Payment	支付
	Review-Id	评论 ID
	Review-Time	评论日期
	Review-Content	评论内容
	Review-Valence	评分

完成基础的数据结构设计后，还需要持续的构建调察。在构建洞察的过程中，一项重要的工作是收集、分析和聚合行为数据，即点击流数据。点击流(click stream)是表示用户在应用程序或网站中操作的事件序列，它包括点击、视图和相关上下文，如页面加载时间、访问者使用的浏览器或设备等。点击流数据对于业务流程洞察至关重要，可用于用户流量分析、营销活动管理、市场细分、销售漏斗分析等，它还在分析产品体验、理解用户意图及针对不同客户群体个性化产品体验方面发挥着关键作用。A/B 测试使用点击流数据来获取用户对产品或网站新变化的反馈，进而提升业务收益。

随着点击流数据被越来越多的数据用户使用，如市场营销人员、数据分析师、数据科学家和产品经理，有三个关键痛点与点击流数据的收集、丰富和消费有关。首先，数据用户需要根据自己的分析需求，不断在产品和网页中添加新的跟踪信标(beacon)。添加这些信标不是自助服务的，用户需要运用专业知识来确定在何处添加监测信标(instrumentation beacon)，使用什么监测插件库及使用什么事件分类法。现有的跟踪代码也必须反复更新，以便将事件发送到用于市场营销、电子邮件活动等的新工具。其次，点击流数据需要经过聚合、过滤和丰富，才能被用于产生洞察。例如，需要过滤原始事件以区分由机器人产生的流量。大规模地处理这样的数据具有很大的难度。再次，分析点击流需要访问事务历史和实时点击流数据。为了更好地让用户体验目标个性化，对于一些点击流用例，分析必须近实时。这会影响点击指标的时间，进而影响越来越多的洞察用例(即个性化、试验和营销活动性能)的总体时间。

理想情况下的营销活动需要达成不同的优化目标，如增加销售额，提高客户留存率，或扩大品牌影响。我们需要从原始数据中提取洞察，这些数据包括 Web 跟踪事件(点击、查看、转换)、广告跟踪事件(广告印象、成本)、库存数据库(产品、库存、利润)和客户订单跟踪(客户、订单、积分)。从洞察中，我们可以获知在线运行的广告和其对目标功能(点击、查看、查看时间、广告成本/转化率等)影响之间的相关性。洞察能够让市场营销人员了解客户接触到品牌的过程，并提供一种结构化的方式，从而了解可以从哪里获取新的订阅者(全新、回流或交叉销售的客户)。类似地，网络流量分析可提供一些关键的洞察，比如流量来源、流行关键词、不同流量来源访问者的转化率、与活动相关的群组分析等。同时，理解产品流程有助于发现一些潜在场景，如在试用过程中，困在开收据环节的客户可能需要得到客户关怀。

5.3 数据整理

有了在数据湖中聚合的数据，我们现在就可以专注于整理数据了，这通常包括结构化、清洗、丰富和验证数据。整理是一个迭代的过程，涉及处理错误值、异常值、缺失值、估算值、数据不平衡和数据编码。流程中的每一步都隐含了可能“重新整理”数据的新方法，目的是为获取洞察准备最健壮的数据。此外，整理提供了对数据本质的洞察，让我们能够提出更好的问题来产生洞察。

数据科学家在整理上花费了大量的时间和人力，如图 5.2 所示。除了费时之外，整理是不完整的、不可靠的、容易出错的，并且有几个痛点。首先，数据用户在探索性分析过程中会接触到大量的数据集，因此发现数据的属性并快速检测所需的整理转换是至关重要的。目前，评估数据集属性和确定要应用的整理是临时的和手动的。其次，应用整理转换需要用 Python、Perl 和 R 等编程语言编写特殊的脚本，或者使用 Microsoft Excel 等工具进行烦琐的手动编辑。考虑到数据量、速度和多样性的不断增长，数据用户需要更简单的编码技能，以便以高效、可靠和重复的方式大规模地应用转换。第三个难点是在日常基础上可靠地操作这些转换，并主动防止暂时性问题影响数据质量。这些痛点影响了整理的时间，这里指使数据可信以产生高效可靠洞察所需的时间。整理是产生洞察的关键一步，它会影响洞察的整体时间。整理数据花费的时间见图 5.2。

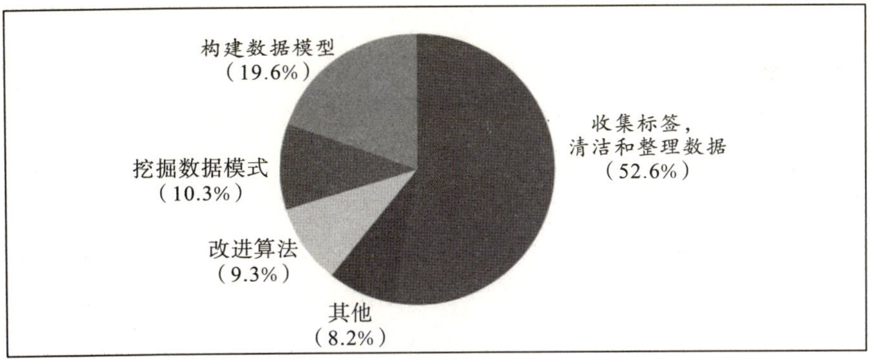

图 5.2　数据整理花费的时间

理想情况下，自助数据整理服务，可以加快可视化、转换、部署和在生产环境上运行的进程。由于业务领域、数据提取、转换规则及模式映射的不同，适合所有数据整理的方法并不存在。该服务为数据用户提供了交互式和详细的可视化展现，允许在粒度级别上进行更深入的数据探索和理解。它能智能地评估手头已有的数据，为用户推荐一组经过排序的整理转换建议。数据用户可以很容易地定义转换，而不需要进行低级编程，转换函数会自动向下编译到对应的处理框架中，并依据数据和转换类型规模，调整到的最佳运行配置。数据用户可以为数据集定义质量制定验证规则，并主动防止低质量数据污染已清洗的数据集。总体而言，该服务为广泛的数据用户提供了智能、敏捷的数据整理，能帮助用户获取更准确的洞察。

由于现实场景中的数据多是不完整的，而且不一致，因此，直接使用数据会导致结果的极大偏差。为提升创建用户模型的精准性，保证个性化推荐的合理性与高效性，本研究需要对获取的数据信息进行预处理。数据预处理包含多项步骤。结合本研究实际情况，数据预处理包括数据清洗、数据集成与数据转换。

5.3.1 数据清洗

数据清洗相当于问卷审核，由计算机辅助完成。数据清洗包括检查数据的一致性、填补缺失值、光滑噪声数据、识别或删除离群点等，其目标是保障数据格式标准化。

数据清洗包括多个方面，最常见的是删除异常值、缺失值、空值和可能影响生成洞察的不平衡数据。数据清洗的另一个方面是删除数据集中记录的重复数据。

5.3.2 数据验证

数据验证有多个维度，包括验证数据字段的值是否遵守语法约束，比如布尔真/假，而不是1/0。分布约束验证数据属性的值范围。交叉属性检查验证跨数据库引用的完整性。

在数据验证中，最重要的是数据一致性检查。一致性检查(consistency check)是根据每个变量的合理取值范围与相互关系来检查数据是否存在逻辑不合理或相互矛盾的情况。本研究初步数据显示，某用户评论内容都是褒奖与肯定，但评分却极低，出现明显的数据相互矛盾，在此情况下，要剔除不一致数据。

5.3.3 数据丰富

数据丰富涉及与其他数据集的连接，可丰富客户档案数据。例如，农业公司可以用天气预报来丰富生产预测。数据丰富还涉及从数据集派生新的数据形式。

数据质量问题，如丢失的、错误的、极端的和重复的值同样会影响分析，而且查找和解决这些问题非常耗时。随着企业转变成数据驱动模式，数据整理被数据用户广泛地使用，这类数据用户主要包括数据分析师、科学家、产品经理、市场营销人员、数据工程师、应用程序开发人员等。争论不休的旅程地图还需要处理大数据的四个V，即数量(volume)、速度(velocity)、多样性(variety)和准确性(veracity)。

在数据丰富中，最重要的是填补缺失值。存在缺失值是最常见的数据问题，主要表现为数据中某个字段为空值或显示特殊数值Null等。填补缺失值的方式有多种，主流的处理方式包括经验推测法、均值填充法、热卡填充法及 K 最近邻法等。其中，效果最好的是经验推测法，但由于这一方法需要人工操作，所以不适用于本研究的样本数量规模。平均值填充法是用现存数据的多数信息来推测缺失值，以平均值来填充缺失值，此方法简单易操作，但弊端是没有充分考虑缺失数据组中的已有信息，可能存在较大误差。热卡填充法是利用完整数据中与缺失值属性相关的数据值做相似性填充，如出现某用户“产品价格”缺失时，可首先利用统计软件计算已有数据的其他属性与“产品价格”属性的相关性，比较发现“用户年龄”与“产品价格”相关性较强，即可将数据按照年龄升序排列，对“产品价格”缺失值可按照排在它前面的“产品价格”数据进行补充。此方法概念简单且可利用数据间关系进行空置估计，弊端在于难以定义相似标准，存在一定的主观差异。结合本研究实际场景，权衡考虑各方法利弊，最终选定采用热卡填充法进行缺失值填补。

5.3.4　减少数据整理耗时

确定数据整理的需求，可以通过对数据属性的交互式和迭代探索来进行。考虑到数据用户的范围，数据整理需要同时支持程序员用户和非程序员数据用户使用的工具。数据科学家通常使用像 Python pandas 和 R 库这样的编程框架，而非程序员则依赖可视化解决方案。

可视化工具带来了一些挑战。首先，考虑到数据多维度和不断增长的规模，可视化的难度较大。对于大型数据集，启用像动态聚合视图这样的快速链接选择(rapid-linked selection)会具有挑战性。其次，不同类型的可视化适合于不同形式的结构化、半结构化和非结构化数据。获得分析和运用可视化工具读取数据都需要较多时间。再次，可视化工具对推理冗余的、不确定的或缺失的数据毫无帮助。自动化方法可以帮助识别异常情况，但要确定具体错误则取决于环境和人的判断。虽然可视化工具可以加速这一过程，但分析师必须手工构建必要的视图，以便在异常的上下文中重新进行合理判断，这需要大量的专业知识。

数据整理的重点是构建数据大规模转换的功能。数据用户需要自动化数据转换，以便以一种持续的方式，大规模应用它们。虽然有通用的模式实现大规模数据转换，但是可视化分析工具更容易被接受。可视化分析工具可对迭代的数据进行可视化编辑，并将其转化为数据整理的规则应用到数据集。

5.3.5　平滑噪声数据

用户行为数据在产生过程中往往带有大量噪声。例如，在具体文本处理过程中，总会遇到某个词语在观察样本中出现的次数为0。这个词的出现概率为0，使用连乘之后会导致整个评论语句的出现概率为0。这是不合理的，因为不能因为一个事件没有观测到就说它是不存在的。平滑方法的存在就是为了解决零概率事件，这里需要用到拉普拉斯平滑方法（Laplace Smoothing），又称加1平滑，如式(5.7)、(5.8)所示。

平滑前：

$$\hat{p}(t|c)=\frac{T_{ct}}{\sum_{t'\in V}T_{ct'}} \tag{5.7}$$

平滑后，对每个量都加上1：

$$\hat{p}(t|c)=\frac{T_{ct}+1}{\sum_{t'\in V}(T_{ct'}+1)}=\frac{T_{ct}+1}{(\sum_{t'\in V}T_{ct'})+B} \tag{5.8}$$

其中，B是不同的词语个数。

如在"国内游""日韩游""欧美游"三类旅游中，主题词"海岛游"在各个类中的观测计数分别为：0次、790次，210次，依次对应概率为0、0.79、0.21。那么为了避免0概率事件造成的数据误差，利用拉普拉斯平滑法先对每个子类的"海岛游"出现频次做加1处理，即总频次由1000变为1003次，重新计算此时三类的概率：

P("国内游")=1/1003 = 0.001；

P("日韩游")=791/1003=0.789；

P("欧美游")=211/1003=0.21

数据变得合理。

5.3.6 识别或删除离群点数据

最后是识别或删除离群点数据。离群点是指一组数据中，远离数据的一般水平的极端小值与极端大值，也称之为歧异值，有时也称其为野值。由于本研究采集到的用户行为数据大多为数值型数据，因此，考虑采用K-means聚类法对所有数值型数据进行离群点检测并剔除。

K-means聚类法认为两个对象的距离越近，其相似度就越大。其基本思路为，先从n个数据对象中随机定义k个对象为初始聚类中心，再针对剩余对象依次计算各自与初始聚类中心的距离，并依据最近距离原则对其进行一一分配，当分配结束后，即会产生新的聚类中心，表现为该新聚类中各个数据对象的均值，不断重复这个过程，直至目标函数收敛为止。通常采用如下的目标函数，如式(5.9)所示。

$$E = \sum_{i=1}^{k} \sum_{p \in C_i} \| p - c_i \|^2 \quad (5.9)$$

其中，E 是数据库中所有对象的平均误差总和，p 为数据对象，c_i 是 C_i 的平均值。这个目标函数能保证生成的簇尽可能紧凑与独立。该目标函数需要满足以下任意一个终止条件：

①不再有数据对象被重新分配到新的聚类；

②聚类中心不再发生变化；

③误差平方和在局部范围内达到最小。

k - means 算法步骤如图 5.3 所示。

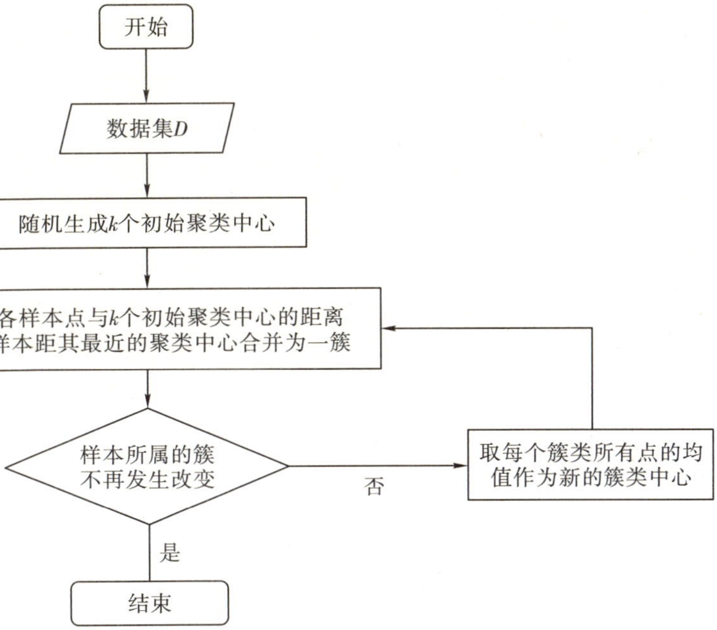

图 5.3　k - means 算法步骤

当 k - means 过程终止之时，聚类中心不再移动，每个聚类中心的正常半径(即阈值)为每个聚类中心的平均距离与 1.5 倍标准差之和。最后，从每个聚类中心中找出大于阈值的点，即数据样本中需要识别并剔除的离群点，并予以剔除。

5.3.7　数据集成与转换

在数据预处理过程中，数据有时会来源于多个数据集合，为避免来自多个数据集合中的数据出现命名上的差异而出现数据冗余或数值冲突等现象，就需要进行数据集成工作。考虑到本研究所获取的线上数据来源一致，因此线上行为数据无需集成。但在数据管理层面，由于本研究所获取数据的属性类型各异，在衡量用户对产品的兴趣偏好程度时，需要转换数据结构，并对不同属性行为数据进行加权计算。由于不同行为数据的取值范围差异较大，如用户的浏览行为数据量级肯定远超过交易行为数据，因此，如何对其进行统一范围内的限定与数据处理，将显著影响后续数据分析与加权计算结果。因此，需要在数据预处理过程中进行数据转换。

本研究采用的方式包括以下几种。

①将字符串字段转变为布尔型，如将性别、ID 城市等基础信息转换成布尔型变量。

②将连续属性转变为哑变量，如对年龄可以先划分区段再转变为哑变量。

③数据归一化。为避免不同连续属性之间因为量纲不同导致对模型产生的不同影响，这里采用归一化方法，将所有连续属性归一化至同一量纲。利用 Z - score 标准化方法，对原始数据的均值(mean)和标准差(standard deviation)进行数据标准化，使之符合标准正态分布，即均值为 0，标准差为 1，转化函数为：

$$x^{*}=\frac{x-\mu}{\sigma}$$

其中 μ 表示样本数据均值，σ 表示样本数据标准差。

最终，经过数据集成与转换，本研究所获取的在线旅游产品基本信息数据归一化结果如表 5.4 所示。

表 5.4 产品基本信息数据归一化结果

产品 ID	产品名称	产品价格	产品内容	出发地	目的地	出游时间	出游天数	出游人数
20161342	厦门；鼓浪屿；方特王国；环岛路；亲子；骑行；双飞；4 日游；四星酒店；帆船；出海	0.55	鼓浪屿；菽庄花园；方特王国；暴风眼；生命之光；钟鼓索道	武汉	厦门	20160715	0.33	0.5

对于用户基本信息，将性别字段数据转换为 0：未知、1：男性、2：女性；将年龄区间划分为 1：18 岁以下、2：18～25 岁(不含 25 岁)、3：25～30 岁、4：30～40岁、5：40～50 岁、6：50～60 岁、7：60 岁以上；注册时

长数据计算依据为当前时间—注册时间。得到的数据归一化处理结果如表5.5所示。

表 5.5 用户基本信息数据归一化结果

账号	用户名	性别	年龄区间划分	居住城市	注册时长归一化
1314919	李珊	2	2	武汉	0.87

用户行为信息数据可分为动作类型与页面类型，动作类型字段数据转换后结果为：1：点击、2：浏览、3：下订单、4：取消订单、5：支付、6：评论；页面类型字段数据转换后结果为：1：Page _ list、2：Page _ detail、3：Page _ order、4：Page _ order _ cancel、5：Page _ pay；其他数据如页面浏览停留时间等归一化结果如表5.6所示。

表 5.6 用户行为信息数据归一化结果

账号	动作类型	产品 ID	页面类型	停留时间归一化	Ext 补充字段(score 值归一化以及 content 字段关键词抽取)
1314919	1	20161342	1	0	{content：“”，score：0.9}
1424911	2	20161342	2	0.5	{content：“”，score：0.75}
1314919	3	20161342	3	0.025	{content：“”，score：0.83}
1314919	4	20161342	4	0.0035	{content：“一般”，score：0.53}
1491900	5	20161342	5	0	{content：“不满意”，score：0.32}
1314919	6	20161342	2	0.025	{content：“满意”，score：5}

5.4 创建用户模型

个性化推荐服务的核心理念是用户导向，其逻辑思路是由用户行为进行兴趣偏好预测，依据预测结果对用户提供个性化推荐服务。因此，无论处于何种应用领域、采用何种推荐技术，都需要通过用户行为分析来建立一个用户模型(且这个模型是能够体现用户兴趣与偏好的模型)，据此提供恰当的个性化推荐服务。因此，从海量用户信息中构建用户模型，不仅是个性化推荐服务的基础，也是其关键技术所在。

5.4.1 构建产品细分目录

对比研究目前较成熟的若干在线旅游平台网站页面设置与信息介绍，并结合前一步集成与转换的数据结果，考虑到在线旅游产品包含多项细分目录与多级产品标签，遵循顶层精准设计、下行逐渐丰富的设计原则，本研究创建在线旅游产品用户偏好模型的第一步是构建在线旅游产品细分目录，如表5.7所示。

表 5.7　在线旅游产品细分目录

出游形式	跟团游、自助游、游轮、自驾游、目的地参团、当地玩乐、景区景点门票	共7个子类
出游主题	名山胜水、海滨海岛、蜜月度假、主题乐园、婚纱摄影、遗产旅游、民俗体验等	共7个子类
出发地	北京、上海、广州、武汉、长沙……	共200+出发城市
目的地	二级目录：东南亚、南亚、泰国、中国香港、中国澳门、中国台湾、澳新、中东非洲；三级目录：三亚、云南、巴厘岛、马尔代夫、迪拜……	共8个二级分类；29个热门三级分类
出游天数	1、2、3、4、5……20	共20个可选出游天数
价格区间	0～500元；500～1000元；1000～2000元；2000～4000元；4000～6000元；6000～10000元；10000元以上；	共7个价格区间
出游季节	1月、2月……12月	共12个出游季节

上表一共产生585个旅游产品细分目录。

5.4.2　计算用户行为得分

在对在线旅游产品进行目录细分设计之后，研究对象转向用户偏好模型建立的研究主体——用户行为。依据前文进行的用户行为数据结构设计及获取数据分类标准，本研究抓取的用户信息行为数据可分为显性数据与隐性数据两类。其中，显性数据主要为用户对产品的评分；隐性数据包括页面点击、页面浏览、页面停留时间、下订单、取消订单、支付、评论ID、评论日期与评论内容。其中，与评论有关的行为内容分析需要用到语义分析，在后文详述。计算用户行为得分具体包括三个步骤：选取用户行为度量指标相关性分析、因子分析及为用户行为赋值。

5.4.2.1　指标间相关性分析

依据5.4.1章节中的数据结构设计可知，本研究抓取的可供直接量化计算得分的用户行为指标包含页面点击、页面浏览、页面停留时间、下订单、取消订单、支付及用户评分七项。为依据其进行后续用户行为得分的计算，需先对各个指标进行相关性分析与权重讨论。

首先，在七项指标中，用户评分属于可获取的显性行为数据。由获取网站信息可知，该项指标已具备显性得分，可分为三个层次：满意(5 分)、一般(0 分)、不满意(－5 分)。因此，在度量其他指标相关性时，可将用户评分指标直接作为参照指标，它是用户兴趣偏好的一种直观表示。

其次，用户进行页面浏览会促使其进行产品及服务的消费。因此，在六项用户隐性行为中能体现用户兴趣偏好的最直接度量指标是用户下订单、取消订单及支付三项行为。考虑到下订单与取消订单为一个行为的正反两方面，在设置指标权重时可确定一项，逆推另一项，从而简化相关性分析并避免多因素干扰。

再次，对用户行为指标进行相关性分析。

本研究采用 SPSS19.0 对页面点击、页面浏览、页面停留时间、下订单、支付与用户评分这六个指标做了相关性分析，结果如表 5.8 所示。

表 5.8　用户行为度量指标与用户兴趣偏好的相关系数矩阵

相关性分析	用户兴趣偏好	页面点击	页面浏览	页面停留时间	下订单	支付
用户兴趣偏好	1.000	0.728	0.839	0.836	0.925	0.928
页面点击	0.728	1.000	0.876	0.525	0.745	0.761
页面浏览	0.839	0.876	1.000	0.667	0.883	0.894
页面停留时间	0.836	0.525	0.667	1.000	0.862	0.853
下订单	0.925	0.745	0.883	0.862	1.000	0.982
支付	0.928	0.761	0.894	0.853	0.982	1.000

由上述指标间相关系数矩阵可知：

①用户兴趣偏好与页面点击、页面浏览、页面停留时间、下订单及支付行为都具有较高程度的正相关，验证了这五项用户在线行为指标用来度量用户兴趣偏好的合理性；

②页面点击、页面浏览、页面停留时间、下订单及支付这五项行为度量指标之间具备较强的相关性，说明多重共线性的存在会对用户在线兴趣偏好的度量造成一定偏差，因此，需要进一步对这五个指标进行提取与归类。

5.4.2.2　指标间因子分析

对页面点击、页面浏览、页面停留时间、下订单及支付这五项体现用户兴趣偏好的行为度量指标的因子分析结果如表 5.9 所示。

表 5.9　因子贡献率

因子	特征值	因子的方差贡献率/%	累计方差贡献率/%
1	2.775	69.371	69.371
2	1.006	25.142	94.513

由上述指标间因子分析结果可知，前两个主成分的贡献率分别达到 69.371%和 25.142%，累计贡献率为 94.513%。因此，可在这五项指标中提取出两个主要因子。

表 5.10　因子载荷矩阵(1)

因子	指标	因子载荷	特征值	累积方差贡献率/%
1	支付	0.555	2.775	69.371
	下订单	0.445		

表 5.11　因子载荷矩阵(2)

因子	指标	因子载荷	特征值	累积方差贡献率/%
2	页面点击	0.134	1.006	94.513
	页面浏览	0.067		
	页面停留时间	0.206		

由上述因子载荷矩阵表 5.10 及 5.11 可进一步计算各指标在用户兴趣偏好度量上的权重。结果如表 5.12 所示。

表 5.12　指标权重

指标	因子载荷	特征值	指标权重
页面点击	0.134	1.006	0.133
页面浏览	0.067	1.006	0.067
页面停留时间	0.206	1.006	0.205
下订单	0.445	2.775	0.267
支付	0.555	2.775	0.333

5.4.2.3 用户行为赋值

依据表 5.12，为方便进行用户行为得分的计算，可结合用户评分这一项已有的显性数据得分，对其余用户行为指标进行基于权重分析的赋值，分值区间为−5 分到 5 分。用户行为赋值结果如表 5.13 所示。最终，用户对一个旅游产品的行为总得分为各个行为得分的代数和。

表 5.13 用户行为赋值

数据分类	用户行为名称	用户行为赋值
隐性行为数据	页面点击	2 分
	页面浏览	1 分
	页面停留时间	1 分钟内跳出：−1 分；1 分钟内未跳出：3 分
	下订单	4 分
	取消订单	−4 分
	支付	5 分
显性行为数据	用户评论评分	满意：5 分；一般：0 分；不满意：−5 分

5.4.3 用户品类偏好分析

为创建完整科学的用户偏好模型，首先需要将在线旅游产品细分信息与用户行为信息相结合，对用户的实时行为(商品点击、浏览等)进行读取分析，洞察在线旅游用户的实时消费意图，并根据行为的强度来反映意图的强度，从而准确定位目标用户对在线旅游产品的品类偏好。

品类偏好分析主要针对用户的实时意图进行建模，基础工作是对用户历史行为进行得分计算，分析的重点是将用户行为与实时意图融合，考虑用户长期的偏好，综合得到用户较感兴趣的品类并进行偏好预测。这种将实时意图与长期偏好融合的方法可以有效避免实时数据缺乏或用户随机行为所带来的分群波动。

通过用户行为打分的计算方法，可以得到用户对其有过历史行为的某些在线旅游产品的品类偏好，但此方法不适用于未被用户产生任何行为的在线旅游产品品类偏好预测。考虑到品类之间具有的关联性，在用户对其品类没有直接意图与偏好时，可通过品类之间的相似度计算来对其偏好进行预测，具体实现方式如下。

例如，预测“小明一家”对旅游产品“香港迪士尼乐园亲子游”的偏好程度。首先确定“香港迪士尼乐园亲子游”这一旅游产品所对应的细分目录为“主题乐园”类旅游产品；其次，对“小明一家”在“主题乐园”这一细分目录下所有评过分的旅游产品进行评分均值 $\overline{X}$ 计算，如式(5.10)所示。

$$\overline{x}=\frac{x_1+x_2+\cdots+x_n}{n}=\frac{\sum_{i=1}^{n}x_i}{n} \tag{5.10}$$

(如“武汉-欢乐谷”：6 分；“长隆-野生动物园”：16 分；“深圳-海洋世界”：11 分；平均分 $\overline{X}=(6+16+11)/3=11$)。

再次，将旅游产品名称转换为关键词向量，用 $\overline{v}$ 表示，依据公式依次计算旅游产品“香港迪士尼乐园亲子游”与对应细分目录下已被“小明一家”评论过的所有旅游产品 i 的内容相似度均值 s_{ai}(a 表示“香港迪士尼乐园亲子游”，i 表示其他被“小明一家”评论过的所有旅游产品)，如式(5.11)所示。

$$s_{ai}=\frac{\overline{v}_i * \overline{v}_a}{|\overline{v}_i|\,|\overline{v}_a|} \tag{5.11}$$

($\overline{v}_i$ 表示产品 i 的特征词向量；$\overline{v}_a$ 表示产品 a 的特征词向量)；

最后，计算 s_{ai} 的平均值，并得到“小明一家”对“香港迪士尼乐园亲子游”这一旅游产品的品类预测偏好得分。

其中公式参数 a，b 的确定方法为：先将参数 a 初始化为 0.5，即 $b=1-a=0.5$，此时 a、b 因子初始化权重一致，再通过统计在线推荐转化率(物品被浏览的次数/物品被推荐次数)，动态调整 a、b 取值，发现当 $a=0.3$、$b=0.7$ 时，推荐转化结果较为理想，故将参数 a、b 分别取值 0.3、0.7。

5.4.4 用户消费水平偏好分析

用户消费水平是一项能有效反映用户自愿使用与体验在线旅游产品及服务需求层级的综合性指标，同时，它也能为企业方提供在线旅游产品满足不同用户需求的程度。用户消费水平的偏好分析是创建用户模型的必要步骤。

由旅游产品细分目录可知，体现用户消费水平的价格区间可分为 7 类。对用户消费水平的偏好分析只需要针对每一个价格区间，分别进行用户对于该价格区间 area _ i 内所有旅游产品所进行的用户行为打分均值 $\overline{S}_i$ 计算；最终，用户对在线旅游产品的每个价格区间内的偏好程度 C_{fi} 可表示为式(5.12)。

$$C_{fi}=\frac{\overline{S}_i}{\frac{1}{7}\sum_{j=1}^{7}\overline{S}_j} \tag{5.12}$$

具体计算过程如下。

①计算每个价格区间内在线旅游产品的用户行为打分，如表 5.14 所示。

表 5.14　基于消费水平的用户行为打分

产品	价格区间 1	价格区间 2	价格区间 3	价格区间 4	价格区间 5	价格区间 6	价格区间 7
1	2	3	4	3	2	3	1
2	4	5	3	4	2	1	2
3	3	2	3	4	4	1	3
4	2	4	5	5	3	3	2
5	1	4	3	2	4	5	1
6	3	3	4	5	3	3	1
……	……	……	……	……	……	……	……

②计算用户在每个价格区间的评分均值，此处假设产品数量为 6，进行示例计算。

对价格区间 1 的平均评分 $\overline{S}_1=(2+4+3+2+1+3)/6=2.5$；

对价格区间 2 的平均评分 $\overline{S}_2=(3+5+2+4+4+3)/6=3.5$；

对价格区间 3 的平均评分 $\overline{S}_3=(4+3+3+5+3+4)/6=3.7$；

对价格区间 4 的平均评分 $\overline{S}_4=(3+4+4+5+2+5)/6=3.8$；

对价格区间 5 的平均评分 $\overline{S}_5=(2+2+4+3+4+3)/6=3$；

对价格区间 6 的平均评分 $\overline{S}_6=(3+1+1+3+5+3)/6=2.5$；

对价格区间 7 的平均评分 $\overline{S}_7=(1+2+3+2+1+1)/6=1.7$。

③计算用户对每个价格区间的兴趣偏好得分。

对价格区间 1 的偏好：

$C_{f1}=2.5/((2.5+3.5+3.7+3.8+3+2.5+1.7)/7)=0.85$。

对价格区间 2 的偏好：

$C_{f2}=3.5/((2.5+3.5+3.7+3.8+3+2.5+1.7)/7)=1.18$。

依次类推，得到用户对每个价格区间的兴趣偏好得分。

④将用户对每个价格区间的兴趣偏好得分按降序排列，取 TopN 为用户偏好的价格区间。

5.4.5　用户地理位置偏好分析

由旅游产品细分目录中的目的地目录可知，体现用户地理位置偏好的细分三级目录包括29个热门分类。因此进行用户地理位置的偏好分析时，只需要针对每一项热门分类，分别进行用户对于该热门分类 Location _ i 内所有旅游产品的用户行为打分均值 $\overline{S}_i$ 计算；最终，用户对每个热门分类的偏好程度 L_{fi} 可表示为式(5.13)。

$$L_{fi} = \frac{\overline{S}_i}{\frac{1}{29}\sum_{j=1}^{29}\overline{S}_j} \tag{5.13}$$

具体计算过程与用户消费水平偏好分析类似，同样分为四步：

①计算每个热门分类内在线旅游产品的用户行为打分；

②计算用户在每个热门分类内的评分均值；

③计算用户对每个热门分类内的兴趣偏好得分；

④将用户对每个热门分类内的兴趣偏好得分按降序排列，取 TopN 为用户的偏好地理位置。

5.5 用户画像

伴随着对人的了解的逐步深入，一个能完美地抽象出用户信息全貌的关于人的概念被提出，它就是“用户画像”。这里的用户指代的是已使用及有可能未来会使用某种产品的目标用户；这里的画像就是能够客观、准确、可视化地描述目标用户的工具或方法。最终，用户画像呈现的就是在用户模型构建基础上的一类标签体系，其目的是用标签对现实中的用户进行数字化聚合与描述。

在信息科学领域，标签是无层次的关键词或术语，目标指向为对产品进行聚合性描述以简化用户搜寻与检索产品过程的复杂性。标签概念的应用是 Web2.0 技术发展的直接产物，它已然成为如今网站平台运营的重要特征与手段。

5.5.1 用户画像基本原则

基于用户行为分析来构建用户模型进而完成用户画像需要遵循两个原则。一是标签化原则。所谓标签化是指依据特定类型的产品需求，为不同特征用户贴上合适标签。其目标是通过电子化的方式将用户特征抽象出来，以便后续数据挖掘与聚合分析，最终形成需求偏好导向的个性化产品与推荐服务。建立标签体系，首先需要依据前文用户模型结果对具体产品与业务情况进行维度的划分，包括静态及动态信息数据两个维度。前者主要指用户的稳定状态信息，包括人口属性、社会及经济属性三方面信息。在获取途径上，这类信息可自成标签，无须过多建模预测即可得到，因此，关键工作在于数据的清洗过程；后者主要指用户不稳定状态下的信息。在获取途径上，这些信息来源于在线上平台产生聚焦的用户行为，如在线旅游网站点击行为、浏览行为、下单行为、支付及评论行为等，这些均属于用户的动态行为信息。

二是低交叉率原则。由用户模型聚合用户画像时要遵守低交叉率原则，正向表述为完整性与独立性原则。例如，经过画像过程分析发现，两组画像除了“下订单”标签与“支付”标签外，其余标签几乎一致，这可以初步理解为目标用户中，下订单的不同教育程度或者不同年龄跨度的用户对产品的需求是相当一致的，如果没有明显业务区分，可将二者合并为一个画像，同时弱化教育程度和年龄的差异。因此，用户画像的完整性保证了用户画像过程能囊括尽可能大的用户群体，独立性又保证了囊括的群体之间没有重叠，能够有效防止盲目夸大市场结构，影响对市场的理性判断。

5.5.2 用户画像标签体系

最终，用户画像步骤的目标指向是依据用户行为分析得到用户标签体系，用标签对现实中的用户进行数字化聚合与描述。

在对用户标签体系进行维度划分时，需要注意的是，不同的业务场景，各维度在标签体系中所占的权重也不相同。例如，“消费”维度在电商类产品中是一个非常重要的指标，而在纯工具类产品中相对不太重要甚至可能并不需要对其进行划分统计。因此，结合本研究实际业务情况，依据在线旅游产品目标用户属性与产品业务自身发展方向，要使目标用户画像粒度更加精细，就需要在对目标用户贴上细分标签后，进一步赋予相应权重。如此，标签为用户对该内容兴趣偏好的有效表达；权重为用户兴趣偏好程度、可信度、概率的有效表达。

最终，本研究生成在线旅游用户画像标签体系，如图 5.4 所示。

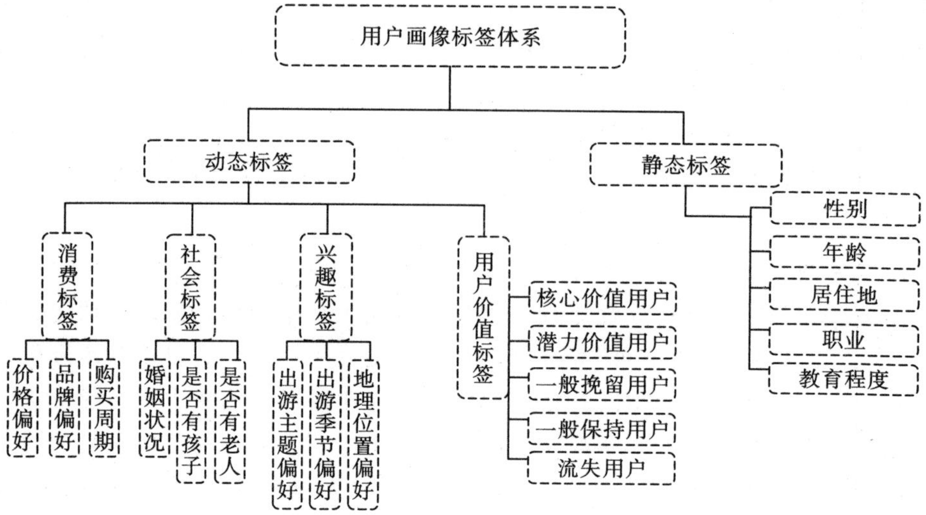

图 5.4　在线旅游用户画像标签体系

第6章　在线旅游个性化推荐

伴随互联网的迅猛发展，信息时代的竞争已然是知识与创新的竞争。企业经营已不能再自顾自地做产品导向，而应转为用户导向。企业在提出用户解决方案时，传统不区分用户的普通服务模式已不具备竞争力，而能在不同场景下针对不同用户的不同特征及需求提供不同的服务策略与内容的个性化服务模式才是时下所需。这种通过技术手段实现，提前了解用户需求与偏好，帮助用户在未曾对产品进行体验的情况下对产品进行识别、筛选及最终决策的过程，就是个性化推荐。个性化推荐倡导充分了解用户的自身特质与需求偏好，其服务过程具备显著高效性。

在旅游业这样一个边界模糊的复杂开放系统中，游客空间位置实时变化，动态数据随时产生、随时发生变化。旅游业拥有庞大且类型多样的数据，涉及很多关联行业，目前旅游大数据应用主要集中在客源市场分析领域。

(1)旅游目的地大数据统计分析

目前，承担旅游目的地大数据分析业务的企业，通过对通信运营商手机位置数据、搜索数据、交通流量数据、交易数据、社交数据等不同来源数据的系统整合分析，为旅游目的地构建了全面的客源市场分析。基于大数据的统计分析日渐成型，对旅游目的地的大数据统计分析实现了使用大样本量(几乎接近全体样本)数据进行客源市场分析，且在分析维度和颗粒度上比抽样调查更加丰富，能帮助目的地旅游管理部门更加全面地认知客源群体，实时了解客源群体在目的地的空间分布状况，有利于客流预警和调控。

(2)互联网平台交易大数据统计分析

平台型旅游企业，如携程、去哪儿、飞猪、金棕榈等，利用其平台经营过程产生的交易数据、评价数据和日志数据，对用户进行全方位画像和消费行为分析，形成对其产品信息浏览情况、产品受欢迎程度等的准确统计分析，赋予游客多个维度的属性标签。平台企业根据旅游产品类型与游客标签组合的匹配程度进行产品和服务推荐，企业利用互联网平台产生的大数据可以更全面地了解用户及企业自身的业务开展情况。

基于游客跨时空行为模式及用户在线使用情况形成的游客驱动的旅游大数据统计分析的主要价值是对全样本数据特征进行深度了解，优势是游客数据相对容易获得。然而这种游客(用户)驱动的大数据分析的主要问题是数据分散在不同的网络载体和实体空间中，不同网络载体和实体空间之间难以实现同源数据关联，数据的准确性和真实性时常难以判断。此外，数据清洗能力也影响了大数据分析结果的实际应用价值。因此，要探究大数据分析在旅游业应用的更多价值，需要改变一种视角来考察大数据在旅游业的应用。

6.1 在线旅游业务场景与内容

6.1.1 在线旅游业务特征

本研究以在线旅游实际业务场景为个性化推荐服务对象与目标，因此，在选取与制定个性化推荐方案前，需要对其业务场景的实际需求与特征进行分析。主要包括以下四个方面。

(1)基于用户行为分析所生成的在线旅游信息数据存在结构多样性，如用户注册信息、点击浏览记录、购买信息、评价信息等。因此，在对用户或产品进行相似性度量时，所需处理的异构数据所占比例较大。

(2)在线旅游个性化推荐要解决冷启动(cold boot)问题。冷启动问题是基于协同过滤的推荐存在的最大问题，即因缺失新用户及产品的用户-产品评分矩阵而造成推荐范围有限。在线旅游用户对产品的偏好往往呈现出显著的求新性，他们更倾向于选择自己没有体验过的旅游产品及服务。

(3)在线旅游个性化推荐要进行情境信息过滤。在线旅游产品本身所具备的综合性、无形性、不可转移性、时间性、生产与消费的同步性、后效性等，决定了用户在参考个性化推荐方案的同时，会受到来自自身当时所处情境的感知影响，若仅仅依据相似偏好的用户或产品来进行推荐，会存在不可忽视的推荐误差。因此，在线旅游个性化推荐方案需要考虑目标用户行为发生的情境环境，并据此对其生成的用户兴趣偏好进行过滤筛选。

(4)在线旅游订单的生成过程存在一定程度的实时性与紧急性，因此，在线旅游个性化推荐需要具备实时推荐的功能。

6.1.2 在线旅游业务场景

结合前期调研，本研究为便于分析，将若干种旅游场景归类为 4 种典型场景，包括旅游消费场景、旅游管理场景、旅游营销场景和旅游服务场景。

(1)旅游消费场景

用户在旅游决策、旅游活动过程中的各类场景中都可能进行某种形式的消费，消费内容会受到偏好和场景激发的共同影响。利用用户在不同网络渠道留下的痕迹，对用户偏好进行画像，场景中的企业可对消费内容进行个性化设计和推荐。场景激发是要找到与用户画像相匹配的场景设置，如匹配用户在居住地的生活偏好与所在旅游场景，根据用户标签和所在场景进行用户化产品设计，提供景点周边特色餐馆、景点的营业时间、停车场位置等指南性信息。这就需要大数据分析技术从海量、实时的信息中提取客户真正需要的数据，满足客户的个性化需求。任何场景都可以与周边的各种商品和服务资源产生交互和连接。产生交互和连接之后再叠加相应的分类信息、比价信息、点评信息等，这可以极大地丰富游客在旅游场景中的消费体验。

(2)旅游管理场景

景区大门口或者景点周边区域是典型的舆情分析和客流预警分流场景。景区管理者通过通信运营商位置数据了解游客来源情况，预测进入区域的人员动态图，监控人员流向、流速并及时调整车辆运营班次；通过闸机与景区电子商务平台数据实时对接，可以实时控制买票数量和门票可用时间；景区管理部门可以通过微信、微博上发帖的实时数据来了解舆情动态。

(3)旅游营销场景

确定旅游目的地营销场景，需要通过大数据了解游客选择某个旅游目的地的动因，以及这些动因中哪些是可以通过营销活动进行引导的，哪些是偏刚性需求的，哪些与家庭结构有关，哪些与工作性质相关等。这些问题都需要通过分析不同平台和渠道的数据来解决。

(4)旅游服务场景

游客咨询服务中心和旅行社门店是最常见的服务场景。当用户进入场景时，服务人员根据游客咨询信息进一步推荐产品和服务。酒店(住宿场所)是常见的线下服务场景，服务人员识别客人身份并提供快捷服务、酒店消费及本地服务产品集成和推荐，这些都离不开游客数据分析和本地资源数据集成。酒店可以建立在线临时社区，通过酒店 Wi-Fi 链接形成游客自组织，从实时数据挖掘中发现有价值的服务内容并提供相关服务。

6.1.3 在线旅游业务挑战

科学研究的发展往往始于技术的进步。近年来，在信息科学、网络技术的推动下，如何获取便捷、类型多样的大数据越来越受到关注。大数据也成为国内外旅游学界和业界的热门话题，尤其在旅游流、旅游体验等对数据精度、规模、结构要求日益严苛的领域，大数据使得一些原本数据搜集过程复杂或者可操作性低的研究课题可以得到实施。然而，随着研究领域、数据来源的不断拓展，一些大数据应用的问题也随之而来。

(1)样本数据的代表性

在传统数据采集中，样本数据的代表性是统计推断稳健和有效的重要前提。在社会统计和商业调查中，面对不具代表性的数据样本，再强大的统计模型也很难得出准确的、可以推广的分析结论。因此，科学、有效的抽样调查方法在传统数据获取中受到普遍重视。在大数据时代，尤其是大数据在旅游业应用中，如何确保样本和数据的有效性、代表性也是业界和学界重点关注的问题。实际上，很多大数据源产生的数据，并不能有效地代表完整的研究目标群体。最明显的例子就是从互联网获得的大数据中，中老年群体的样本比例严重不足。此时，传统统计学中可使用的权重调整方法也较难使用，因为此类大数据样本中个体属性，尤其是社会人口属性特征往往缺失，使得权重的估计也变得难以操作。此外，计量经济学中常见的样本选择偏差也会导致样本的代表性问题。一个常见的例子就是不满意的酒店住客可能倾向于在评论网站上留下详细的评论。如果这种样本选择偏差不能得到修正，就容易过度放大负面信息，得出与事实出入很大的结果。

(2)样本数据的有效性

除一些旅游业专用大数据源外，旅游研究中还会使用到一些综合性的、非定制的大数据源，如微博数据、汽车 GPS 轨迹数据和手机信令数据。这时，首先需要解决如何甄别有效游客样本的问题。一般常用的方法是建立统计模型对数据中的时空信息进行数据挖掘，识别出游客群体。建立统计模型需要识别诸多参数，这可以通过小规模的实地调查来获得。当然，由于不同地方的景点规模、目的地空间尺度、空间结构、交通设施水平存在差异，所以不能盲目推广不同地区的实地调查结果。

(3)样本数据的虚假性

作为最具代表性的旅游大数据来源，在线顾客评论在已有的旅游大数据研究中占有重要的地位。此类研究往往基于在线评论能客观反映旅游服务设施接待水平和游客体验的前提展开分析。但事实上，一些点评网站并不能识别评论者是否购买过该项服务(如 TripAdvisor)，这导致了大量虚假评论的滋生，势必会影响分析结果的有效性和科学性。目前，在国际顶级的商学期刊上，已有使用机器学习和人工智能方法来筛选和过滤虚假在线评论的研究成果发表。因此，相关旅游研究在使用在线评论数据时，也要特别注意可能存在的虚假评论，并且基于研究情境使用合适的方法筛选出可能的虚假评论，提高数据的可信度。

(4)不同大数据源之间的交互验证

对于同一个研究目的/研究问题，不同的数据源可能提供来自不同侧面的重要信息。这些数据本身或多或少会存在系统性及非系统性误差，使用时就需要对数据源进行交互验证，以确定这些误差可能的来源，并为后续数据汇总过程中的误差控制提供思路。例如，在使用酒店在线评论数据时，很多研究者会从不同的酒店评论平台采集数据。但由于不同的平台可能是面向不同层次、不同类型的住客群体，这些评论数据存在系统差异。研究过程中，首先需要对这些平台数据进行交互验证，这不仅有助于降低误差，提高评论数据综合后的结果可信度，而且有助于了解不同样本群体的特性差异，增强对结果的理解和解释。

6.1.4 在线旅游个性化推荐内容

依据在线旅游上述业务场景需求与特征，本研究中的在线旅游个性化推荐方案必须包含以下内容：

(1)通过显性或隐性数据收集方法聚拢在线旅游目标用户兴趣偏好信息，构建用户-产品兴趣偏好矩阵；

(2)依据兴趣偏好对用户进行聚类，找到目标用户的最近邻域；

(3)通过相应信息分析手段，在最近邻域内进行个性化推荐计算；

(4)依据对用户情境感知的分析，对推荐计算结果进行情境感知过滤。

6.2 个性化推荐方法的比较、选取与改进

6.2.1 个性化推荐方法的比较

依据本研究第二章节有关个性化推荐技术的研究综述可知，目前应用较为广泛的个性化推荐方法主要集中在基于内容的推荐及基于协同过滤的推荐。依其各自处理方式及实现过程的不同，这两种个性化推荐领域的主流技术方法各有利弊，其逻辑思路、优势与局限性方面的对比，如表 6.1 所示。

表 6.1 个性化推荐方法比较

推荐技术	逻辑思路	优势	局限性
基于内容的推荐	1. 依据用户模型与用户画像 a：统计得到各用户最常用的标签 b：对于各标签，统计被标注过这个标签频次最高的产品 2. 计算用户对产品的兴趣度，按用户兴趣度降序排列，找到用户最感兴趣的产品 TopN 并予以推荐	1. 可处理新产品问题 2. 具备用户独立性 3. 结果展示直观易懂	1. 无法处理非结构化数据 2. 存在新用户问题 3. 存在欠缺多样性问题
基于协同过滤的推荐	1. 找到和目标用户或用户已消费产品相似的用户类群或产品类群 2. 通过相似度计算，找到类群中用户可能产生兴趣偏好的 TopN 产品并予以推荐	1. 具备用户集群性 2. 适用于非结构化数据 3. 能挖掘用户的潜在兴趣偏好点	1. 存在冷启动问题 2. 存在数据稀疏性问题 3. 存在用户特殊化问题 4. 存在系统可扩展问题

6.2.2 个性化推荐方法的选取与改进

由表 4.1 可知，基于内容的推荐与基于协同过滤的推荐方法各有利弊，本研究认为可将上述两种推荐方法组合运用，目的是在充分发挥各自优势的同时弥补各自的弊端与局限。同时，依据前文所构建的在线旅游用户模型与画像，本研究已得到对在线旅游实际业务场景用户的数字化聚合与描述，但在进行下一步个性化推荐之前，依然存在实际操作困难。第一，在对在线旅游产品进行分类的过程中，需要人工对用户及产品进行分类，主观因素对生成结果的影响较大，很难控制细分维度的粒度。第二，在计算用户对在线旅游产品偏好兴趣程度时，用户的评论内容数据存在异构性特征，难以定量衡量。第三，不同用户在不同情境下的兴趣偏好存在差异，因此在利用用户历史行为数据时，应在过滤掉历史情境与时下情境差异的前提下进行个性化推荐。

综合考虑上述实际操作障碍，并结合前文 5.1.1 所述在线旅游业务场景的实际需求与特征，本研究考虑在"基于内容的推荐＋基于协同过滤的推荐"的基础上尝试加入隐语义模型分析，从而形成一个混合推荐方案，并再次加入情境感知过滤分析，最终形成基于用户行为分析的在线旅游个性化"混合＋改进"的推荐方案。

6.3　隐语义模型与情境感知过滤

6.3.1　隐语义模型

隐语义模型(latent factor model)最早来源于文本挖掘技术领域，其模型的设计逻辑是从文本中找到隐含语义。前文 2.4 章节所述内容推荐法中的潜在语义索引(latent semantic index)即为与其相关的名词概念。两者的共性是都需要奇异值分解(SVD，singular value decomposition)模型进行辅助性研究。隐语义模型的目标指向是为矩阵分解降维，由此自动建立用户与隐藏分类、产品与隐藏分类之间的关系，最终得到用户对产品的偏好。

6.3.1.1　奇异值分解模型

依据前文用户画像技术，我们可以得到用户的兴趣偏好标签体系。通过用户标签体系，收集用户对产品的浏览、购买及反馈的各项行为数据，可形成一个用户-产品的一般矩阵。它能准确表达用户对产品的兴趣偏好程度，且其质量直接影响最终的推荐效果。因此，为了准确计算用户与产品、产品与产品的相似度，就需要提取矩阵特征。一般方法是特征值分解。但考虑到实践中，由用户画像产生的矩阵大都不是方阵，这时特征值分解无法描述非方阵重要特征的局限性就显现出来，奇异值分解模型由此产生。它的优势在于能准确提取矩阵特征且适用范围较广，基本适用于任何矩阵，如式(6.1)所示。

$$\boldsymbol{R}=\boldsymbol{U}\boldsymbol{S}\boldsymbol{V}^{\mathrm{T}} \tag{6.1}$$

$\boldsymbol{R}$ 是一个 $M\times N$ 二维矩阵，$\boldsymbol{U}$ 为 $M\times M$ 的方阵，$\boldsymbol{U}$ 中的向量称为左奇异向量，$\boldsymbol{S}$ 为 $N\times N$ 矩阵，$\boldsymbol{V}^{\mathrm{T}}$($\boldsymbol{V}$ 的转置矩阵)为 $N\times N$ 的方阵，$\boldsymbol{V}$ 中的向量称为右奇异向量，如图 6.1 所示。

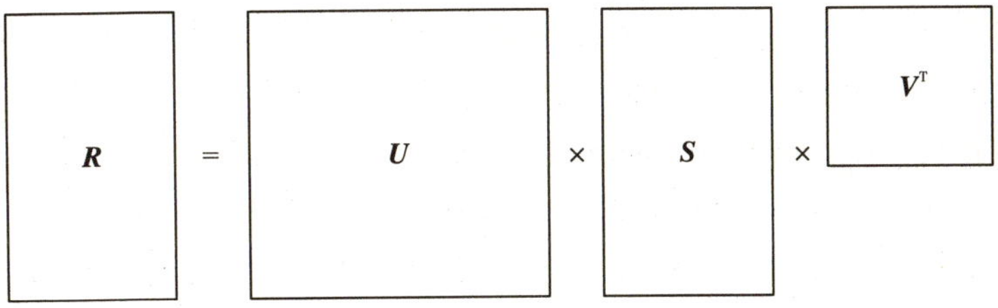

图 6.1　M＊N 阶矩阵分解示意图

为了确定矩阵分解的关联性，首先将一个矩阵 $\boldsymbol{A}$ 乘以它的转置矩阵，得到一个方阵，依据这个方阵的特征值可得到：$(\mathbf{A}^{\mathrm{T}}\mathbf{A})v_i=\lambda_i \boldsymbol{v}_i$，这里得到的 $\boldsymbol{v}$ 就是右奇异向量。同理，还可进一步得到奇异值与左奇异向量的计算式(6.2)。

$$\sigma_i=\sqrt{\lambda_i}\text{，}\boldsymbol{u}_i=\frac{1}{\sigma_i}A\boldsymbol{v}_i \tag{6.2}$$

其中，σ_i 表示 i 的奇异值，$\boldsymbol{u}$ 表示左奇异向量。奇异值 σ 的概念与一般矩阵的特征值类似，共性都是在矩阵 $\boldsymbol{S}$ 中降序排列，特性在于 σ_i 具有较快的降速。因此，在大多情况下，矩阵的 Top10％的奇异值总和基本就能占全部奇异值总和的 99％以上。也就是说，以前 r(r 是一个远小于 m、n 的数)的奇异值即可近似描述整个矩阵，这里定义一下部分 SVD 分解，如公式(6.3)所示。

$$\boldsymbol{R}_{m\times n}\approx\boldsymbol{U}_{m\times r}\boldsymbol{S}_{r\times r}\boldsymbol{U}^{\mathrm{T}}_{r\times n} \tag{6.3}$$

再通过近似计算矩阵乘法变为图 6.2 所示。

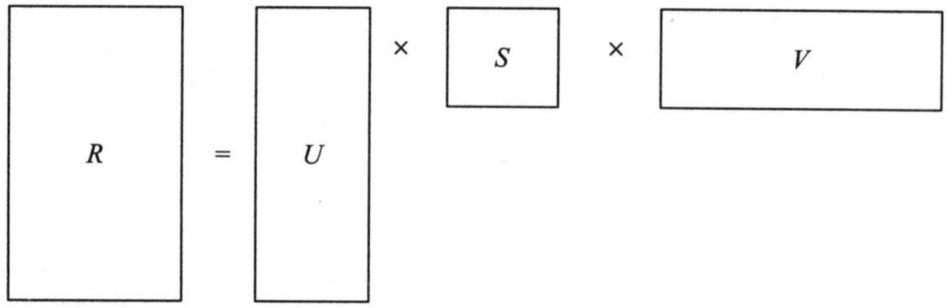

图 6.2　取前 r 个奇异值后的矩阵乘法示意图

其中，r 越接近于 n，则等号右边三个矩阵的相乘结果就会越接近于矩阵 $\mathbf{A}$。

6.3.1.2　隐语义模型

奇异值分解模型在文本语义挖掘中能起到非常不错的效果，但由于在推荐系统中，用户对产品的评分矩阵往往相对较为稀疏，因此，在个性化推荐的实际应用中，奇异值分解模型依然存在局限性。因此，要继续使用奇异值分解模型就必须首先对矩阵进行补充，使其成为一个稠密矩阵，由此就对矩阵的存储空间提出了更严格的要求。考虑到该方法所依托的分解技术复杂度较高，尤其稠密矩阵规模计算的运行速度非常缓慢，因此，该方法在实际操作中基本无法适用于千万量级以上的数据规模。作为早期推荐系统研究中常用的矩阵分解方法，奇异值分解模型并没有被广泛采用，但随着相关研究的不断深入，基于奇异值分解模型基础上的隐语义模型终被提出。

隐语义模型假设我们需要找出 F 个隐类，且可将矩阵 $\boldsymbol{R}$ 依据这 F 个隐类表达为矩阵 $\boldsymbol{P}$ 与矩阵 $\boldsymbol{Q}$ 的乘积，即通过矩阵分解实现降维，而这个降维的逻辑即是围绕 F 个隐类展开，公式表述为(6.4)。

$$\boldsymbol{R}\approx\boldsymbol{P}^{\mathrm{T}}\boldsymbol{Q}=\boldsymbol{R} \tag{6.4}$$

其中，$\boldsymbol{P}$、$\boldsymbol{Q}$ 即为分解矩阵，且 $\boldsymbol{P}\in\boldsymbol{R}^{M\times F}$、$\boldsymbol{Q}\in\boldsymbol{R}^{F\times N}$。此时，用户 u 对产品 i 的评分预测值可由公式(6.5)予以计算。

$$\overline{r_{ui}} = \sum_{f} p_{uf}\, q_{if} \tag{6.5}$$

其中，模型参数 p_{uf} 可度量用户 u 的兴趣偏好与第 f 个隐类之间的隐藏关系，模型参数 q_{if} 可度量产品 i 与第 f 个隐类之间的隐藏关系。据此，为求得用户 u 对产品 i 的预测评分，就需要计算出公式中的两个模型参数，一般方法是通过最优化损失函数来求得参数。在定义损失函数之前，需要准备一下数据集并对兴趣度的取值作出说明。数据集应该包含所有的用户和他们产生过行为(也就是喜欢)的产品。所有这些产品构成了一个产品全集。对于每个用户来说，他产生过行为的产品称为正样本，规定兴趣度 $R_{ui}=1$；同时，在用户没有产生过行为的产品中选取同样数量的样本作为负样本，规定兴趣度 $R_{ui}=0$，取值范围为[0，1]。

由此，原有数据集得到了扩展，生成一个新的用户-产品数据集 $K=\{(U,\ I)\}$，其中若 K 表示为正样本，则 $R_{ui}=1$；反之 $R_{ui}=0$。

最终，损失函数可定义为式(6.6)。

$$C = \sum_{(U,I)\in K} (R_{ui} - \hat{R}_{ui})^2 = \sum_{(U,I)\in K} \left(R_{ui} - \sum_{k=1}^{K} P_{uk} Q_{ki}\right)^2 + \lambda \|P_u\|^2 + \lambda \|Q_i\|^2 \tag{6.6}$$

其中，$\lambda\|P_u\|^2+\lambda\|Q_i\|^2$ 代表正则化项，用以防止过度拟合，λ 的取值需要在实际运用场景中通过多次实验获取。对损失函数进行优化一般采用随机梯度下降法，方向的确立通过求参数偏导予以获取，再不断迭代对其进行优化。详尽推导过程如下：由前文可知，损失函数中存在两组未知参数 p_{uf} 及 q_{if}，为获取随机梯度下降方向，首先需要对其求偏导，如公式(6.7)、(6.8)所示。

$$\frac{\partial C}{\partial P_{uf}} = -2\, q_{ik} + 2\lambda\, p_{uk} \tag{6.7}$$

$$\frac{\partial C}{\partial P_{if}} = -2\, q_{uk} + 2\lambda\, p_{ik} \tag{6.8}$$

再次，依据随机梯度下降方向将模型参数 p_{uf} 及 q_{if} 不断向前推进，得到递推公式(6.9)、(6.10)。

$$p_{uf} = p_{uf} + \alpha(q_{ik} - \lambda\, p_{uk}) \tag{6.9}$$

$$q_{if} = q_{if} + \alpha(p_{uk} - \lambda\, q_{ik}) \tag{6.10}$$

最后，通过在实际运用场景中多次实验确定学习速率(learning rate)α 的取值，并最终得到模型参数 p_{uf} 及 q_{if} 的取值。

6.3.2 情境感知过滤

6.3.2.1 情境建模

目前，虽然人们在个性化推荐领域已然形成了丰富的研究成果与经验案例，但大多已有方法与手段只是单纯地将合适精准的匹配产品推荐给目标用户，忽略了如时间、地点及用户集群性等外部情境信息。正如技术接受模型的改进与扩展过程一般，在整个个性化推荐的流程中，关于外部因素的细化及调节变量的确立是目前大多数个性化推荐所必需却实则欠缺的。因此，本研究考虑将情境感知加入已确立的在线旅游个性化混合推荐方案中，进一步处理用户兴趣偏好，如加入季节情境因素，使在线旅游产品推荐系统在不同季节提供不同的推荐。

结合前文已有的研究，本研究个性化推荐中的情境建模过程基于前文用户模型与画像的基础之上，将情境信息融入多维数据模型中，形式化描述如下。

从用户-产品的评分矩阵着手，形成一套用户-产品评分集合，在导入评分数据后，即可生成评分函数 R，用以对用户-产品进行评分。基于情境建模的个性化推荐的评分函数如下所示。

$$R: U \times I \rightarrow R$$

$$R: U \times I \times C \rightarrow R$$

其中，C 代表不同业务场景下的情境信息，U、I 分别表示用户、产品值域，R 为评分取值域。

如限定情境感知信息变量为在线旅游用户的出游季节，则相应的推荐评价函数 R 可表示为在相应的三维推荐空间 $U \times I \times S$ 中，某个用户 $u \in U$ 在季节 $s \in S$ 下对产品 $i \in I$ 的偏好兴趣水平。基于该描述的空间模型如图 6.3 所示。

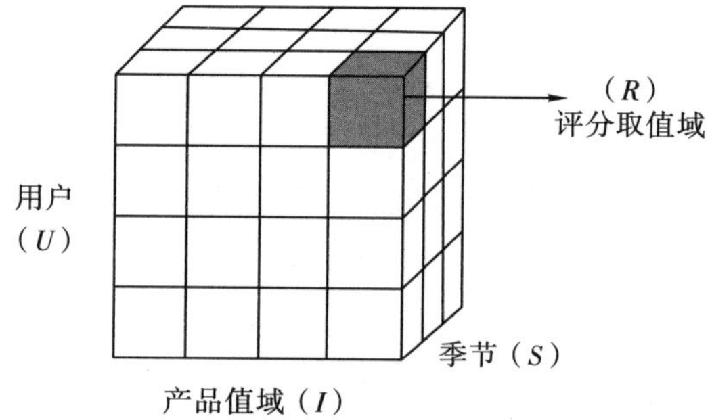

图 6.3 三维情境感知个性化推荐空间模型

6.3.2.2 情境感知信息分类及获取

获取情境感知信息(context acquisition)有多种途径，获取方式往往并不单一，结合情境信息分类情况可交叉应用。在电商平台应用领域，依据扩展后的技术接受模型，本研究将情境感知信息定义为：在线旅游网站用户进行在线旅游信息搜寻及预订过程中的各行为状态下的体能状态、参与群体环境的用户行为意愿，以及出游季节、社会角色等主观规范情境信息等。具体到本研究，业务场景是在线旅游平台基于用户行为分析提供的产品个性化推荐，此时情境感知信息具体可细化并做相应描述，如表6.2所示。

表6.2 情境感知信息分类

在线旅游个性化推荐情境感知信息			
用户行为意愿情境信息		用户主观规范情境信息	
用户 体能状态	用户 群体环境	用户 出游季节偏好	用户 社会角色规范

相应地，当用户通过现有网络设备浏览在线电子平台网页时，平台可通过直接或间接手段获取该用户的情境信息：直接手段包括通过在线平台账户注册流程进行设置引导或由移动端App提供此时用户所处的情境状况等；间接手段包括对用户历史评论语义进行关键词提取，用数据挖掘技术获取用户对浏览产品的兴趣偏好情境要素，如产品类别及价格区间等。

6.3.2.3 情境感知过滤

在对情境感知信息予以定义和分类的基础上，要进行基于用户行为的在线旅游产品个性化推荐研究，就需要结合用户模型与画像进行情境感知的条件过滤与筛选。在本研究中，情境感知的条件过滤与筛选可简称为情景感知过滤，具体表示为数据接入的情境化。在该研究范式下进行个性化推荐，需首先对特定情境环境进行条件设置，再对数据接入进行条件过滤与筛选，据此构造新的用户-产品偏好模型。加入情境要素后的推荐框架流程如图6.4所示。加入情境感知过滤的推荐方案适合情境信息与用户偏好耦合度不高的业务场景，否则在对情境因素进行条件过滤与筛选后，容易导致用户-物品构成的评分矩阵过于稀疏。

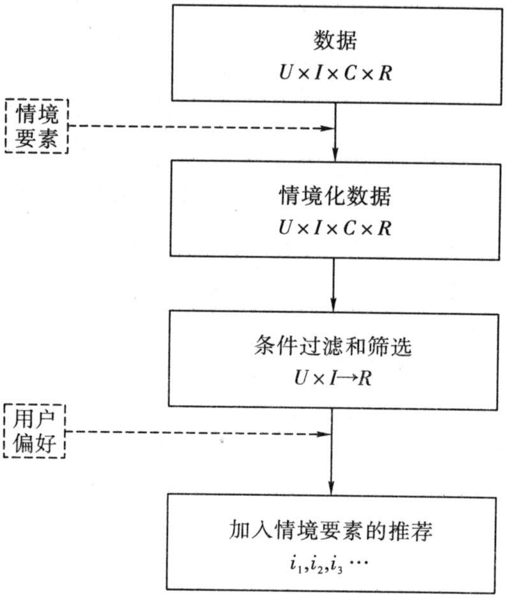

图 6.4　加入情境要素后的推荐框架

在个性化推荐逻辑中，目标用户一般被认为与最近邻用户具有相似的兴趣偏好特征。因此，本研究在加入情境要素之后的推荐逻辑中，将对目标用户及其近邻用户的行为分析限定在同一情境要素之中予以考量。例如，加入情境信息要素 c 后，可将 c 拆分表示为一个情境因子集 $c=\{c_1, c_2, c_3, \cdots, c_n\}$，进而计算在每个情境因子 c_i，$i\in[1, n]$的约束条件下目标用户的最近邻集合，其中不同情境因子影响下用户-产品的评分如表 6.3 所示。

表 6.3　不同情境因子下用户-产品评分

情境	用户	产品				
		i_1	i_2	i_3	…	i_n
c_1	u_1	1	5			
c_1	u_2	2	4			
…	…	…	…	…	…	…
c_2	u_1			2		3
c_2	u_2			4		1
…	…	…	…	…	…	…

具体到本研究，结合前文用户画像标签体系的生成，考虑依据情境环境

的具体标签特征来进行条件过滤与筛选。第一步，确立代表情境环境内容的标签簇，依据在线旅游产品情境感知信息分类具体展开，整理出一定数量并具有代表性的情境词汇，如“度假节奏”“节假日”等用以辅助标签簇的筛选，最终得到包含情境感知的标签簇样本，如表 6.4 所示。

表 6.4 在线旅游个性化推荐情境标签簇

项目	标签簇 a_1	标签簇 a_2	标签簇 a_3	标签簇 a_4	…
情境属性分类	体能	群体	季节	期望	…
情境属性内容	暴走	家庭日	五一小长假	见识	…
	挑战	夏令营	夏季	陪伴	…
	慢生活	亲子	跨年	独处	…
	…	…	…	…	…

依据表 6.3，可用 ai 表示在线旅游情境分类（a_1：体能；a_2：群体；a_3：季节；a_4：期望；……），当用户的期望选择是“陪伴”时，即生成了用户的一个情境属性。

其次，需要确定用户的情境状态。在本研究中，情境状态被定义为用户当下行为产生的情境环境内容，表示为向量 Sit =（a_{1t}，a_{2t}，…，a_{nt}）。在 t 时刻，用户当下行为产生的情境环境内容可用 n 个情境属性的集合予以表示。其中 a_{nt} 表示 t 时刻 n 个情境属性的各自取值，如 Sit＝(“慢生活”“家庭日”“五一小长假”“陪伴”)即用户的出游情境为五一小长假放慢生活节奏的全家出游陪伴体验。这就成了一项有效情境过滤标准。

再次，进行情境计算。具体包括三个步骤。

①依据用户情境状态对用户行为数据进行筛选，对情境属性进行“加 1 平滑”，构建情境向量。若用户情境状态为 Sit＝(“慢生活”，“家庭日”，“五一小长假”，“陪伴”)，则将用户情境状态的向量表示为 Sit _ vector＝(“慢生活”“家庭日”“五一小长假”“陪伴”，1)，Sit _ vector 相比于 Sit 多了一列值，且多出的这一列值恒为 1，目的是对数据起到一定的平滑作用，即使行为数据的前五个场景属性值与指定的五个场景属性不同，最后一列值恒为 1，就可避免出现场景相似性为 0 而导致的数据稀疏性问题。

②基于情境过滤计算用户加权评分。

用户当前场景向量可表示为：

User _ sit _ vector =（a_1，a_2，a_3，a_4，a_5，1），a_1～a_5 表示五类场景对应的具体值。

用户历史行为评分对应场景可表示为：

Score _ sit _ victor =（b_1，b_2，b_3，b_4，b_5，1），$b_1 \sim b_5$ 表示五类场景对应的具体值。

当前场景与历史场景的相似度为：$s_s = \dfrac{\sum_{i=0}^{5} a_i \cap b_i}{6}$；

例如，某一用户当前场景向量为（"慢生活""家庭日""五一小长假""陪伴"，1），其历史行为评分对应场景为（"挑战""亲子""五一小长假""陪伴"，1），则其当前与历史场景相似度为：

Sit _ similarity =（"慢生活"∩"挑战"）+（"家庭日"∩"亲子"）+（"五一小长假"∩"五一小长假"）+（"陪伴"∩"陪伴"） +（1∩1））/6 =（0 + 0 + 1 + 1 + 1）/6 = 0.5，即场景相似度为 0.5。因此，在当前场景下，该条用户历史行为评分的权重为 0.5。

③得到用户基于场景的加权评分之后，基于加权评分可再次进行个性化推荐。

6.3.3 推荐模型的改进

由章节 6.2 内容可知，若将基于内容的推荐与基于协同过滤的推荐进行简单组合产生混合推荐，则其输入数据只存在两个维度，即用户维度与产品维度。此时，推荐系统可看作一个基于二维矩阵的计算函数。该函数可为某个目标用户计算其对每个产品的预测评分。再将预测评分降序排列，取 TopN 为个性化推荐结果进行输出，其生成过程如图 6.5 所示。

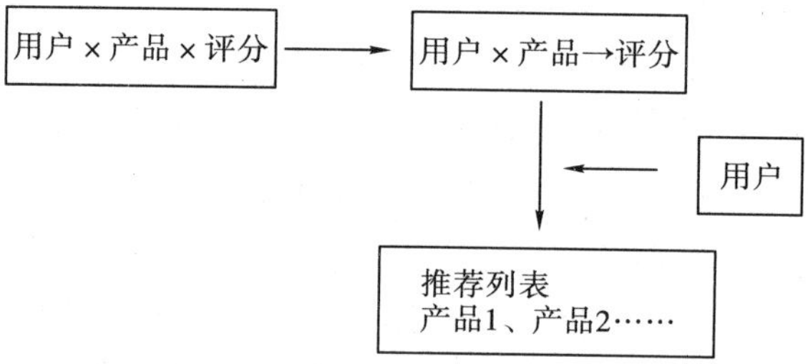

图 6.5　基于内容的与基于协同过滤的混合推荐系统生成过程

在简单组合的个性化推荐方案中，用户行为记录可表示为{用户、产品、评分}的矩阵形式，一旦运用情境感知过滤方法，改进后的个性化推荐模型将更加完整，此时用户行为记录表示为：{用户、产品、情境、评分}的矩阵形式。这意味着用户对产品的评价因情境要素不同会生成不同结果。

最终，在加入了隐语义模型与情境感知过滤方法后的个性化推荐方案将表现出以下显著优势。

第一，在用户模型的构建中，结果都是基于用户行为统计自动聚类的，可大大弱化人为主观因素。

第二，在用户模型构建与画像过程中，不再需要关心细分维度的粒度问题。通过设置隐语义模型的分类数即可控制细分粒度，分类数越大，粒度越细。

第三，任何用户都能得到其对于每个产品分类的兴趣偏好程度，并依据不同的情境过滤条件自动生成相应的合理权重。

第四，避免生成不合时宜的反季节个性化推荐结果。

举例说明改进效果，如依据用户模型与画像可得到用户李珊关于出游主题的兴趣偏好矩阵表，如表 4.5 所示。

表 6.5　李珊出游主题兴趣偏好矩阵表

主题	海岛游	迪士尼	北国风光	草原亲子
兴趣度	0.5	0.7	0.9	0.8

假定时值清明小长假前期，此时个性化推荐方案若缺乏对情境要素的感知过滤，单一考虑用户对出游主体的兴趣偏好进行推荐，产生的推荐结果如图 6.6 所示。

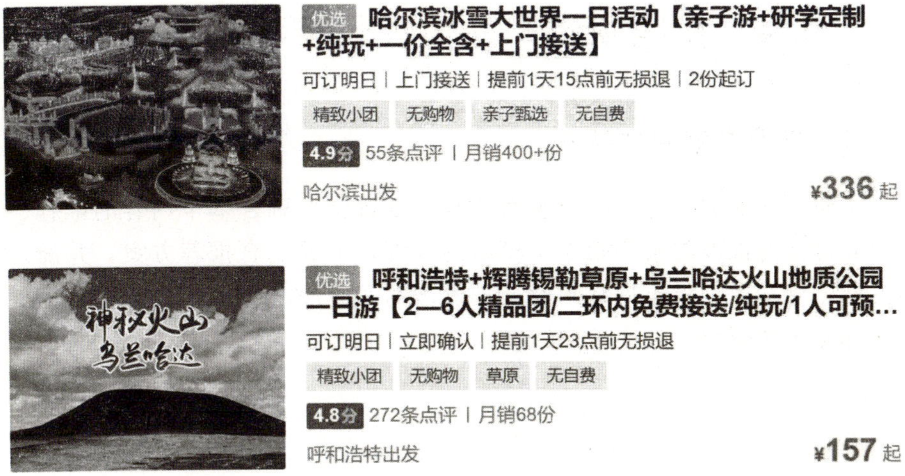

图 6.6　改进前的混合推荐结果展示

由上图推荐结果可知，推荐的 TopN 结果大都是哈尔滨与内蒙古草原的相关产品，然而从出游季节角度考虑，4 月初无论选择哈尔滨还是内蒙古草原出游都不合适，去哈尔滨已然过了最冷的季节，内蒙古草原也处于枯草期。显然，此时的个性化推荐存在偏差，推荐效果不理想。

但若加入情境感知过滤因素，依据季节因素过滤用户兴趣偏好再进行推荐，其结果如图 6.7 所示。

图 6.7　改进后的混合推荐结果展示

显然，结合季节情境感知过滤后的推荐结果更加合理。

6.4　在线旅游产品个性化推荐改进方案

6.4.1　推荐方案整体架构

本研究在前文理论分析与模型构建的基础上，融合基于内容的推荐、基于协同过滤的推荐与基于隐语义模型的推荐，形成混合推荐方案，并加入情境感知过滤技术，提出最终的混合+改进的在线旅游个性化推荐方案，整体架构如图 6.8 所示。

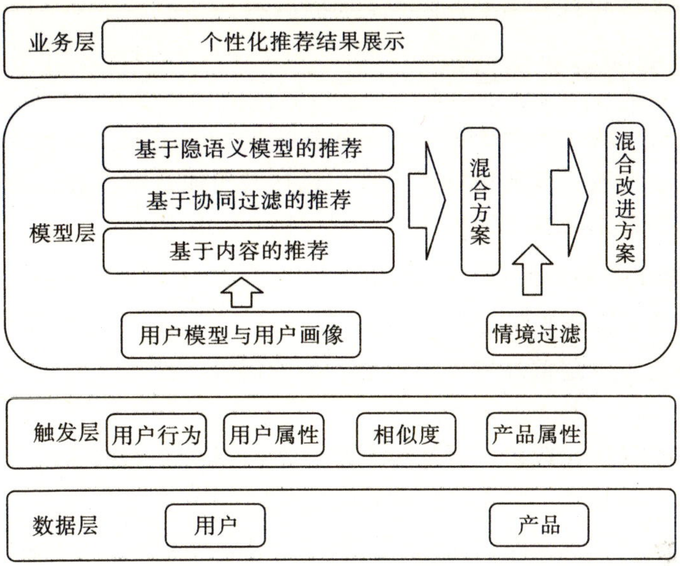

图 6.8 混合改进推荐方案整体架构

6.4.2 推荐方案具体流程

本研究的整体推荐方案流程包括四大步骤。

首先是数据接入，包括接入在线旅游产品基本信息、用户基本信息、用户行为信息及情境感知信息。

其次是数据预处理过程，通过预处理将原始数据转化为理想数据格式。

再次是模型层的设计，包含六项具体流程：

①构建用户模型并完成用户画像，依据在线旅游用户行为计算用户行为得分并生成用户兴趣偏好标签；

②进行基于内容的推荐，计算用户兴趣偏好标签与产品标签的相似度，依据相似度降序排列生成用户可能感兴趣的产品推荐列表 TopN；

③进行基于协同过滤的推荐，计算用户与用户之间抑或产品与产品之间的相似度，依据相似度降序排列生成用户可能感兴趣的产品推荐列表 TopN；

④进行基于隐语义模型的推荐，计算用户对每一个在线旅游产品在特定场景下的偏好度，依据偏好度降序排列生成用户可能感兴趣的产品推荐列表 TopN；

⑤融合上述三种推荐方案并对其依次进行权重分配，设置初始权重各为 1/3，对每个推荐模型的推荐效果(F 值)动态调整权重比例。

⑥将最后生成的推荐结果依据用户兴趣偏好度降序排列，生成用户可能感兴趣的产品推荐列表 TopN。

最后是个性化推荐结果在业务层面的展示。

6.4.3 推荐方案实现过程

依据上述流程，前两个步骤已在章节3.2、3.3中完成，因此，此处的重点是混合方案与改进方案的具体实现，包括基于内容的推荐、基于协同过滤的推荐及基于隐语义模型的推荐。

6.4.3.1 基于内容的推荐

基于内容的推荐依据用户历史数据与资源，生成用户兴趣偏好模型，继而为用户推荐与其兴趣偏好模型相符的产品或服务，其具体实现过程包括四个方面。

第一，产品表示阶段。通过爬虫软件进行网页文本挖掘，得到产品的特征化描述，并转换为计算机可以识别的数学表示。

第二，构建用户模型，完成用户画像。收集用户的历史行为信息，构建用户偏好模型，完成用户画像。

第三，依据用户模型与用户画像结果，统计用户最常用的标签，再统计被打过这个标签次数最多的产品。

第四，生成推荐结果，度量用户对待推荐产品的兴趣度，并将兴趣度降序排列生成用户可能感兴趣的产品推荐列表TopN。

这里着重分析如何计算用户对产品的兴趣度。

例如，依据用户模型与用户画像结果，生成用户李珊对待推荐产品的兴趣标签分值，如表6.6所示。

表6.6 兴趣标签

对象	五星	亲子	海岛	夏季
李珊	0.7	0.9	0.3	0.4
产品A	0.6	0.55	0.43	0.88
产品B	0.45	0.6	0.7	0.8
产品C	0.36	0.84	0.92	0.75
产品D	0.35	0.46	0.88	0.56
产品E	0.96	0.32	0.36	0.4
…	…	…	…	…

由此，得到用户李珊对于各个产品的兴趣度。

对于产品A的兴趣度：$0.7\times0.6+0.9\times0.55+0.3\times0.43+0.4\times0.88=1.396$；

对于产品 B 的兴趣度：0.7×0.45+0.9×0.6+0.3×0.7+0.4×0.8=1.385；

对于产品 C 的兴趣度：0.7×0.36+0.9×0.84+0.3×0.92+0.4×0.75=1.584；

对于产品 D 的兴趣度：0.7×0.35+0.9×0.46+0.3×0.88+0.4×0.56=1.147；

对于产品 E 的兴趣度：0.7×0.96+0.9×0.32+0.3×0.36+0.4×0.4=1.228；

……

最终，依据兴趣度降序排列取 TopN(产品 C、产品 A、产品 B、产品 D、产品 E、……)推荐给用户。

6.4.3.2　基于协同过滤的推荐

基于协同过滤的推荐逻辑关键在于构建用户-产品评分矩阵，再利用相似度计算生成预测。

首先，收集用户在线行为信息，挖掘用户兴趣偏好，构建用户-产品评分矩阵。在这一步骤中，用户的在线行为信息是系统推荐效果的决定因素。在线旅游用户-产品评分矩阵如表 6.7 所示。

表 6.7　用户-产品评分矩阵

用户	产品 1	产品 2	…	产品 i	…	产品 n
产品 1	R_{11}	R_{12}	…	R_{1i}	…	R_{1n}
产品 2	R_{21}	R_{22}	…	R_{2i}	…	R_{2n}
…	…	…	…	…	…	…
产品 j	R_{j1}	R_{j2}	…	R_{ji}	…	R_{jn}
…	…	…	…	…	…	…
产品 m	R_{m1}	R_{m2}	…	R_{mi}	…	R_{mn}

其次，进行能反映两个用户或者两个产品之间相关程度的相似度计算。该步骤是实现基于协同过滤推荐方法的关键步骤。具体计算方法因基于用户的协同过滤与基于产品的协同过滤而异。

6.4.3.2.1　基于用户的协同过滤推荐

基于用户的协同过滤的基本逻辑是，若用户 u 与用户 v 对同一产品具有相近评分，则说明这两个用户具有类似的兴趣偏好特征。对用户进行个性化推荐的过程分为两步：一是找到与目标用户兴趣偏好相近的用户集群；二是找到这个集群中其他用户偏好的且目标用户未知的产品来进行推荐。

为找到与目标用户兴趣偏好相似的用户集群，需要进行用户之间的兴趣相似度计算。计算相似度的方法有许多，本研究主要采用余弦相似系数进行计算。余弦相似系数计算最早应用于文档间的相似程度的比较分析，将文档视作一个包含多个单词频数的多维向量，由此将度量文档间相似程度的问题转化为计算多维向量之间夹角的余弦值。

在基于用户的协同过滤中，考虑将上述示例中的文档替换为用户，将单词频数替换为用户对产品的评分。由此，形式化的描述为，若矩阵 $\boldsymbol{R}$ 为 $M\times N$ 阶评分矩阵，则用户 u 与用户 v 之间的相似程度可由 u 与 v 的行维向量的余弦值确定，如表 6.8 阴影部分所示。

表 6.8　用户-产品评分矩阵

用户	产品 1	产品 2	…	产品 i	…	产品 n
用户 1	R_{11}	R_{12}	…	R_{1i}	…	R_{1n}
用户 2	R_{21}	R_{22}	…	R_{2i}	…	R_{2n}
…	…	…	…	…	…	…
用户 u	R_{u1}	R_{u2}	…	R_{ui}	…	R_{un}
…	…	…	…	…	…	…
用户 v	R_{v1}	R_{v2}	…	R_{vi}	…	R_{vn}
…	…	…	…	…	…	…
用户 m	R_{m1}	R_{m2}	…	R_{mi}	…	R_{mn}

假设 N_u 为用户 u 有过正向反馈的产品集合，N_v 为用户 v 有过正向反馈的产品集合，则用户 u 与用户 v 的兴趣相似度可以用余弦相似度公式(6.11)进行计算。

$$w_{uv}=\frac{|N_u\cap N_v|}{\sqrt{|N_u||N_v|}} \tag{6.11}$$

在本研究中，通过收集在线旅游用户行为信息，将得到多个用户各自对于产品的行为记录，如表 4.9 所示。

表 6.9　用户-产品行为记录表

用户名	产品名		
张珊 A	产品 a	产品 b	产品 d
李冲 B	产品 a	产品 c	
何源 C	产品 b	产品 e	
赵爽 D	产品 c	产品 d	产品 e
…	…	…	…

由上表可知，用户 A 消费过的在线旅游产品为$\{a, b, c\}$集合，用户 B 消费过的在线旅游产品为$\{a, c\}$集合，依据公式 6.12 可得到用户 A 与用户 B 的相似度计算结果为

$$w_{\mathrm{AB}}=\frac{|\{a,b,d\}\cap\{a,c\}|}{\sqrt{|\{a,b,d\}||a,c|}}=\frac{1}{\sqrt{6}}$$

以此类推，可依次计算两两用户之间的兴趣偏好相似度。但考虑到这种方法在用户样本数量巨大时，其时间复杂度(｜U｜×｜U｜)会非常大，且在具体实践中，很多用户之间并没有对相同的产品产生行为，即很多时候 $N(u)$ 和 $N(v)$的交集为 0。那么，一种高效的算法就是首先计算出交集不为 0 的用户对$\{u, v\}$，然后再对这种情况除以分母｜$N(u)\cup N(v)$｜(或者另一种根号形式)。

为此，在推荐方案的具体操作中，可通过建立倒排表的方式(即对每个产品都保存对其产生过消费行为的用户列表)反向计算以简化时间复杂度。具体步骤可描述为：假设用户 u 与用户 v 同时隶属于倒排表中的对第 k 个产品产生过消费的用户列表；令系数矩阵 $\boldsymbol{C}[u][v]=|N(u)\cup N(v)|$，则有$\boldsymbol{C}[u][v]=k$；再对该用户列表进行反向扫描，将列表中的每组两两对应用户的 $C[u][v]$进行加 1 处理，即可得到所有用户之间不为 0 值的$\boldsymbol{C}[u][v]$，如图 6.9 所示。

张珊(A)	旅游产品a	旅游产品b	旅游产品d
李冲(B)	旅游产品a	旅游产品c	
何源(C)	旅游产品a	旅游产品e	
赵爽(D)	旅游产品a	旅游产品d	旅游产品e

→

旅游产品a	张珊	李冲
旅游产品b	张珊	何源
旅游产品c	李冲	赵爽
旅游产品d	张珊	赵爽
旅游产品e	何源	赵爽

↓

	张珊	李冲	何源	赵爽
张珊	0	1	1	
李冲	1	0	0	1
何源	1	0	0	1
赵爽	1	1	1	0

图 6.9 产品-用户倒查表

依据上述逻辑，对产品 a 的 $W[A][B]$及 $W[B][A]$分别进行加 1 处理；对产品 b 的 $W[A][C]$及 $W[C][A]$同样进行加 1 处理，并以此类推，对每个产品进行反向扫描，最终得到 4×4 的矩阵 $\boldsymbol{W}$ 作为余弦相似度计算公式中

的分子部分，再依据余弦相似度公式进一步得到用户间的兴趣偏好相似结果。

由用户之间的相似度可形成一个用户相似度矩阵，据此可找到这个集群中用户喜欢的且目标用户没有听说过的产品来推荐给目标用户。用户 u 对产品 i 的兴趣偏好程度可以估计为公式(6.12)。

$$p_{ui}=\sum_{v\in S_{uk}\cap N_i} w_{uv}\,r_{vi} \tag{6.12}$$

其中，p_{ui} 表示用户 u 对产品 i 的兴趣偏好程度，r_{vi} 表示用户 v 对产品 i 的兴趣偏好程度，N_i 表示对产品 i 产生过行为的用户集合，S_{uk} 表示与用户 u 兴趣偏好相近的 k 个用户集合，w_{uv} 表示用户 u 与用户 v 的兴趣偏好相似程度。

6.4.3.2.2　基于产品的协同过滤推荐

基于产品的协同过滤的基本逻辑是：若目标用户对产品 i 与产品 j 都产生过历史评价行为，并给出了相近的评分，则认为产品 i 和产品 j 具备较高的相似度。其具体计算过程分为两个步骤：一是依据用户行为计算产品之间的相似度；二是依据产品之间的相似度与用户历史行为生成推荐列表。

在基于产品的协同过滤中，考虑将产品视作文档，将来自用户的评分视作单词频数。由此，形式化的描述为，若矩阵 $\boldsymbol{R}$ 为 $M\times N$ 阶评分矩阵，则产品 i 与产品 j 之间的相似度可由 i 与 j 的列维向量的余弦值确定，如表 6.10 所示。

表 6.10　用户-产品评分矩阵

用户	产品 1	产品 2	…	产品 i	…	产品 j	…	产品 n
用户 1	R_{11}	R_{12}	…	R_{1i}	…	R_{1j}	…	R_{1n}
用户 2	R_{21}	R_{22}	…	R_{2i}	…	R_{2j}	…	R_{2n}
…	…	…	…	…	…	…	…	…
用户 m	R_{m1}	R_{m2}	…	R_{mi}	…	R_{mj}	…	R_{mn}

假设 N_i 为偏好产品 i 的用户数，N_j 为偏好产品 j 的用户数，则产品 i 与产品 j 的产品特征相似度可用余弦相似度公式(6.13)进行计算：

$$w_{ij}=\frac{|N_i\cap N_j|}{\sqrt{|N_i|\,|N_j|}} \tag{6.13}$$

此时，使用与计算用户兴趣相似度类似的方法，计算产品之间的相似度。再计算用户 u 对产品 i 的兴趣偏好程度，如公式(6.14)。

$$p_{ui} = \sum_{j \in S_{ik} \cap N_u} w_{ij} \, r_{uj} \tag{6.14}$$

其中，p_{ui}表示用户 u 对产品 i 的兴趣偏好程度，r_{uj}表示用户 u 对产品 j 的兴趣偏好程度，N_u 表示为用户 u 产生兴趣偏好的产品集合，S_{ik}表示与产品 i 属性特征最为相近的 k 个产品集合，w_{ij} 表示产品 i 与产品 j 的属性特征相似程度。

6.4.3.3 基于隐语义模型的推荐

总的来说，基于隐语义模型的推荐优势与价值在于能自动对用户与产品之间的潜在相关性进行挖掘与自然显现，弥补了传统推荐方法对细分维度划分的主观局限，如人工分类的意见不能代表各种用户的意见，人工分类很难控制分类粒度，人工分类很难给出一个产品的多项分类等。基于隐语义模型推荐的核心思想是通过隐含特征联系用户兴趣和产品，同样从用户行为数据出发，奇异值分解模型(SVD)的目标指向是将处于高维空间模型中的文档映射在低维的潜在语义空间。在这一降维过程中，用户与产品之间的隐藏分类关系将在潜在子空间中自然显现，即实现了对产品的自动聚类，将产品划分到不同的类别或主题中，而这些类别或主题在本研究中即是在线旅游产品目标用户的兴趣偏好类别或主题。因此，基于隐语义模型的推荐步骤如下。

首先，对本研究已获取的所有数据集合(包含所有产品属性、所有用户行为及所有有过用户行为的产品列表等数据)，使用隐语义模型重新进行建模，得到的模型如图 6.10 所示。

用户	产品1	产品2	…
用户1	R_{11}	R_{12}	…
用户2	R_{21}	R_{22}	…
…	…	…	…

矩阵$\boldsymbol{R}$

=

用户	隐藏分类1	隐藏分类2	…
用户1	R_{11}	R_{12}	…
用户2	R_{21}	R_{22}	…
…	…	…	…

矩阵$\boldsymbol{P}$

*

用户	产品1	产品2	…
隐藏分类1	Q_{11}	Q_{12}	…
隐藏分类2	Q_{21}	Q_{22}	…
…	…	…	…

矩阵$\boldsymbol{Q}$

图 6.10 隐语义模型

其中，矩阵 $\boldsymbol{R}$ 为 User－Item 矩阵，矩阵 $\boldsymbol{P}$ 为 User－Class 矩阵，矩阵 $\boldsymbol{Q}$ 为 Class－Item 矩阵；User 代表用户，Item 代表产品，Class 代表它们之间的隐藏分类；矩阵值 $\boldsymbol{R}_{ij}$ 为用户 i 对产品 j 的兴趣偏好程度，矩阵值 $\boldsymbol{P}_{ij}$ 为用户 i 对产品 j 的兴趣偏好程度，矩阵值 $\boldsymbol{Q}_{ij}$ 为产品 j 在隐藏分类 i 下的权重，且权

重的高度代表该产品在该隐藏分类下的典型程度。基于隐语义模型的推荐算法的逻辑是：从原始数据集合中抽取若干主题以表示用户与产品之间的潜在相关性，并将矩阵 $\boldsymbol{R}$ 描述为矩阵 $\boldsymbol{P}$ 与矩阵 $\boldsymbol{Q}$ 的乘积形式。因此，基于隐语义模型的推荐可依据公式(6.15)来计算用户 U 对物品 I 的兴趣度：

$$\boldsymbol{R}_{ui} = \boldsymbol{P}_u \boldsymbol{Q}_i = \sum_{k=1}^{k} \boldsymbol{P}_{uk} \boldsymbol{Q}_{ki} \tag{6.15}$$

其中，$\boldsymbol{R}_{ui}$ 表示用户 u 对产品 i 的兴趣偏好程度，$\boldsymbol{P}_{uk}$ 表示用户 u 对第 k 个分类的兴趣偏好程度$(1<k\leqslant K)$；$\boldsymbol{Q}_{ki}$ 表示物品 i 属于第 k 个分类的典型性程度$(1<k\leqslant K)$。

此时，采用隐语义模型的优势更加明显：①不再需要关心分类角度，结果都是基于用户行为自动聚类；②不再需要关心分类粒度，通过设置 LFM 的最终分类即可控制，分类数越大粒度越细；③并不需要将一个产品明确划分到某一类，而是计算其属于每一类的概率；④可得到一个用户对每一类产品的兴趣度，而不是只关心可见列表中的有限类；⑤对于每一个隐藏分类，可得到类中每个产品的权重，越能代表这个类的产品，其权重越高。

其次，从这些类别中选取用户可能会产生兴趣偏好的产品进行推荐。这时，就需要确定用户对隐分类的喜爱程度和所有产品属于某个隐分类的程度，即上述公式中的 $\boldsymbol{P}$ 值和 $\boldsymbol{Q}$ 值。可通过损失函数求得，如公式(6.16)。

$$C = \sum_{(u,i)\in K} (\boldsymbol{R}_{ui} - \widehat{\boldsymbol{R}}_{ui})^2 = \sum_{(u,i)\in K} \left(\boldsymbol{R}_{ui} - \sum_{k=1}^{K} \boldsymbol{P}_{uk} \boldsymbol{Q}_{ki}\right)^2 + \lambda \|\boldsymbol{P}_u\|^2 + \lambda \|\boldsymbol{Q}_i\|^2 \tag{6.16}$$

损失函数指用户 u 对产品 i 的真实喜爱程度与推算出来的喜爱程度的均方根误差，即真实的喜爱程度与推算的喜爱程度的误差。因此，为保证最终推荐结果的精准就要使这个误差达到最小值。

其中，$\lambda\|\boldsymbol{P}_u\|^2+\lambda\|\boldsymbol{Q}_i\|^2$ 代表正则化项，用以防止过度拟合，λ 的取值需要在实际运用场景中通过多次实验获取。一般采用随机梯度下降法对损失函数进行优化，通过求参数偏导确立方向，再不断迭代对其进行优化。

最后，得到每个用户对于每个隐分类的兴趣偏好程度矩阵及每个产品与每个隐分类的匹配程度矩阵。在用户-产品矩阵中，通过两次迭代最终求得每个用户对每个产品的兴趣偏好程度，将兴趣偏好度降序排列生成用户可能感兴趣的产品推荐列表 TopN。

6.4.3.4 混合改进推荐

最终混合改进推荐方案需确立基于内容的推荐、基于协同过滤的推荐及基于隐语义模型的推荐三种推荐方案的权重分配。依据公平竞争原则，设置初始权重各为 1/3，对每个推荐模型的推荐效果(F 值)动态调整权重比例。其中，F 值为评价指标准确率与召回率的调和平均值，$F=P\times R\times 2/(P+R)$。$P$ 为精准率，R 为召回率。

具体 F 值动态调整权重过程如下。

首先，设置初始权重各为 1/3 时，各推荐方案的精准率、召回率结果如表 6.11 所示。

表 6.11 初始评价效果

推荐模型名称	精准率	召回率
基于内容的推荐	20.10%	9.31%
基于协同过滤的推荐	19.76%	9.13%
基于隐语义模型的推荐	30.13%	16.24%
混合改进推荐方案	35.21%	18.31%

基于内容的推荐初始化 F 值为：

(20.10%×9.31%×2)/(20.10%+9.31%)=0.127

基于协同过滤的推荐初始化 F 值为：

(19.76%×9.13%×2)/(19.76%+9.13%)=0.124

基于隐语义模型的推荐初始化 F 值为：

(30.13%×16.24%×2)/(30.13%+16.24%)=0.211

混合改进推荐方案的推荐初始化 F 值为：

(35.21%×18.31%×2)/(35.21%+18.31%)=0.224

其次，用 a_i，b_i，c_i 分别表示第 i 轮迭代所对应的三种推荐方法的相应权重，迭代过程如下。

初始权重：a_0，b_0，$c_0=1/3$

第一次迭代后的权重：

$a_1=0.127/(0.124+0.127+0.211)=0.28$

$b_1=0.124/(0.124+0.127+0.211)=0.27$

$c_1=0.211/(0.124+0.127+0.211)=0.46$

此时混合改进推荐方案的 F 值为 0.232

经过不断重复试验，得到：当 a_n 稳定在 0.19，b_n 稳定在 0.54，c_n 稳定在

0.54时，混合改进推荐方案的F值达到最高，为0.241。

最终，混合改进推荐方案对三种基础方案的权值配比为：基于内容的推荐占比27%，基于协同过滤的推荐占比19%、基于隐语义模型的推荐占比54%。

6.5 个性化推荐方案的效果评价

为检验已确立的混合且改进后的在线旅游个性化推荐方案的合理性及优化效果，考虑将传统个性化推荐方案的效果评价作为基准，再对混合改进方案进行效果评价，并进行定量分析与评价的比较研究。效果评价过程具体包括三个步骤：评价指标的选取、评价过程实现及评价结果分析。

6.5.1 评价指标选取

目前，对个性化推荐评价指标的选取主要依据具体业务场景特征与需求来确定。结合在线旅游用户与产品的实际场景及研究数据来源的可获得性，本研究选取用户满意度、预测准确度和预测覆盖率三项指标进行测评。需要注意的是，虽然这三项指标彼此独立，但在实际使用中，必须结合起来共同进行评价，因为好的推荐方案不仅要有较高的预测覆盖率，而且要有较高的预测准确度。

6.5.1.1 用户满意度

用户满意度是推荐方案效果评价的最基础指标。一般获取渠道为问卷调查，也可通过直接统计用户行为评分获取。其解释意义在于：若用户基于个性化推荐方案选取并购买了某项产品，则表示该用户在一定程度上显示出对推荐结果的认可。因此，在实际操作中，用户对推荐结果列表中产品的点击浏览行为可间接反映用户对推荐方案的满意度。

6.5.1.2 预测准确度

预测准确度是目前个性化推荐研究中最基本的、同时也是讨论最多的效果评价指标。预测准确度的高低直接显示出个性化推荐结果的精准性。主要采取离线方式对这一指标进行测评。依据不同的预测目标，预测准确度可细分为两种类型：基于评分的预测准确率及基于TopN推荐的预测准确率。

基于评分的预测准确率指通过衡量预测评分数据与用户实际评分数据的差异程度，以两者之间的误差水平来作准确率评价。这项指标在需要向用户展示预测评分的个性化推荐系统中尤为重要。具体衡量误差水平的指标主要以均方根误差(root mean squared error，简称 RMSE)或平均绝对值误差(mean absolute error，简称 MAE)来表示。计算公式如式(6.17)、式(6.18)所示。

$$R_{mse} = \sqrt{\frac{1}{|T|}\sum_{(u,i)\in T}(\hat{r}_{ui} - r_{ui})^2} \tag{6.17}$$

$$M_{ae} = \sqrt{\frac{1}{|T|}\sum_{(u,i)\in T}|\hat{r}_{ui} - r_{ui}|} \tag{6.18}$$

其中，$\hat{r}_{ui}$ 为在测试集 T 上生成的预测评分数据，r_{ui} 为在已知用户-产品集合(u，i)上的实际评分数据。R_{mse} 或 M_{ae} 的取值越小说明推荐方案的效果越准确。

TopN 推荐的预测准确率指将待推荐产品集合分为用户感兴趣与用户不感兴趣两种，继而直接衡量用户是否真正喜欢推荐方案。精确率与召回率是基于 TopN 推荐的预测准确率具体评价指标。前者表示用户对 TopN 推荐结果确实存在兴趣偏好的概率，后者表示用户感兴趣的某个产品出现在 TopN 推荐列表中的概率，如式(6.19)、式(6.20)所示。

$$P = \frac{1}{|U|}\sum_{N\in U}\frac{L_{N_u}}{N} \tag{6.19}$$

$$R = \frac{1}{|U|}\sum_{N\in U}\frac{L_{N_u}}{L_u} \tag{6.20}$$

其中，U 表示用户集合，L_{Nu}表示对用户 u 进行的 TopN 推荐结果中，用户 u 真正产生兴趣偏好的产品集合，L_u 表示无推荐时用户 u 表现出来的所有产生兴趣偏好的产品集合。此时，精确率 P 的解释意义为推荐结果 TopN 中用户真正产生兴趣偏好的产品所占的比例，召回率 R 的解释意义为推荐结果 TopN 中用户产生兴趣偏好的产品占推荐前用户产品兴趣偏好的所有产品集的比例。

基于 TopN 推荐的预测准确率指标相较于基于评分的预测准确率指标而言，推荐结果的方向性和目的性更明确，更符合实际应用需求，可行性更高。因此，结合本研究实际业务场景，选取基于 TopN 推荐的预测准确率指标为整体推荐方案的预测准确度指标，具体度量指标包括精确率与召回率。

6.5.1.3 预测覆盖率

预测覆盖率指推荐方案向用户推荐的产品在全部产品中所占的比例，它能有效描述在线平台的挖掘能力。若推荐方案的预测覆盖率较低，则说明其只能对有限产品进行推荐，意味着用户基于此推荐可选择的产品数量非常有限，进而说明该推荐方案很可能会因其推荐范围的局限性而使用户的满意度大大降低，体现为有限价值。同时，该指标需要与预测准确度结合起来衡量评价效果，若预测覆盖率非常高但预测准确率较低，也是不能产生有效推荐的。预测覆盖率指标的计算方法是：随机抽取若干用户-产品数据集，依次对每一个用户-产品数据对进行预测以衡量可预测产品占所有产品的比例。具体计算公式如下。

$$COV_p=\frac{N_d}{N} \tag{6.21}$$

其中，Nd 表示推荐产品的列表数目，N 为所有产品数目。

6.5.2 评价过程的实现

个性化推荐方案的效果评价一般可采用离线测试(offline experiment)与在线测试(online experiment)两种方式。本研究对预测准确度(精确率与召回率)指标采用离线测试方式；对用户满意度、预测覆盖率指标采用在线测试方式。

6.5.2.1 离线测试

离线测试主要依据所选取的评价指标衡量推荐质量。它主要基于日志系统中所获取的用户历史行为数据来进行推荐方案的效果测评。本研究采用历史数据集的评估方法，具体操作步骤如下。

首先，对用户-产品评分数据集进行随机且均匀的划分，共分为 M 份，将其中 1 份作为测试集，用以参与评估推荐方案的运算过程并生成预测结果；余下的 M－1 份作为训练集，与预测结果进行对比测试，以验证推荐方案效果。

其次，在训练数据集上依次用前文所述的四种推荐方案来进行用户的兴趣模型训练，得到四种不同的推荐模型来对测试集上的所有用户进行兴趣偏好预测。产生如下预测结果。

①在用户的推荐列表中且在测试集中有该用户对该产品的评分(正类到正类)。

②不在用户的推荐列表中但在 N 中有该用户对该产品的评分(正类到负类)。

③在用户的推荐列表中但在 N 中没有该用户对该产品的评分(负类到正类)。

④不在用户的推荐列表中且在 N 中没有该用户对该产品的评分(负类到负类)。

最后，依据上述预测结果，计算能反映预测准确度的精确率及召回率。

离线测试方法的优势在于不需要有对实际系统的控制权，不需要真实用户参与，计算效率高；其弊端在于无法获取点击率、转化率等商业指标。具体基于计算机的路径实现如图 6.11 所示。

```
def SplitData(data, M, k, seed):
    test = []
    train = []
    random.seed(seed)
    for user, item in data:
        if random.randint(0,M) == k:
            test.append([user,item])
        else:
            train.append([user,item])
    return train, test
```

图 6.11　离线测试实现图例

6.5.2.2　在线测试

在线测试即通过用户在线实时反馈及消费事后调查结果来对推荐方案的效果进行衡量。目前，应用较为普遍的在线测试方法为 A/B 测试。A/B 测试为同一目标进行两个方案的准备工作，随机选取部分用户采取 A 方案，剩余用户采取 B 方案，并同时对其使用状况全程进行记录。这里必须说明的是，虽然 A/B 测试名为 A、B 两项，但事实可以延伸到多个方案的测试。因此，本研究选择该测试方式进行。具体操作步骤如下。

首先，将用户-产品评分数据集随机且均匀分成 A、B、C、D 四等份，依据前文所述四种推荐方案进行逐一分配：A -基于内容的推荐、B -基于协同过滤的推荐、C -基于隐语义模型的推荐、D -基于混合改进后的推荐。

其次，针对 A、B、C、D 每一组数据集，进行用户满意度指标的测算。具体操作为：为每一组数据集中的用户推送 n 个产品，通过统计用户对这 n 个产品的点击浏览率来间接判断用户的满意度。（点击浏览率超过 70%表现为“非常满意”；点击浏览率为 50%～60%表现为“满意”；点击浏览率为 20%～40%表现为“一般”；点击浏览率为 0%～20%表现为“不满意”；无点击浏览行为表现为“非常不满意”。）

最后，依据预测覆盖率指标公式依次计算每组数据值的指标得分。

基于在线测试的实际操作流程图如图 6.12 所示。

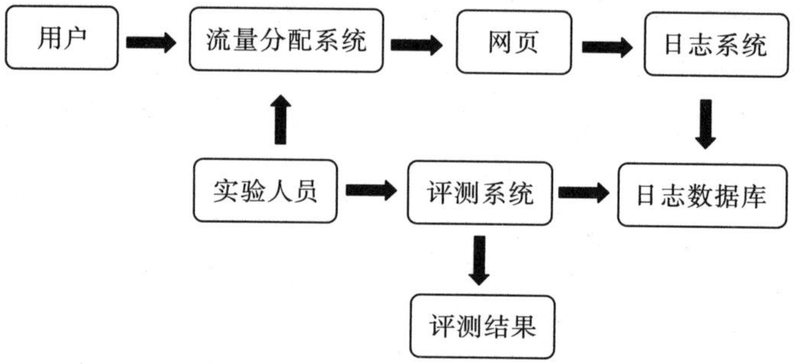

图 6.12　在线测试实现图例

6.5.3　评价结果分析

依据前文选取的评价指标及各指标所采取的评价方式，最终得到基于内容的推荐、基于协同过滤的推荐、基于隐语义模型的推荐及基于混合改进模型的推荐四种个性化推荐方案的效果评估结果，如表 6.12 所示。

表 6.12　个性化推荐方法效果评估结果

个性化推荐方案	用户满意度					预测准确度		预测覆盖率
	非常满意	满意	一般	不满意	非常不满意	精确率	召回率	
基于内容的推荐	11.35	13.54	13.61	39.91	21.56	20.30	10.51	23.48
基于协同过滤的推荐	10.23	12.12	15.00	42.10	27.35	19.76	9.13	30.45
基于隐语义模型的推荐	15.13	20.35	17.16	20.38	26.98	30.13	16.24	19.93
基于混合改进模型的推荐	20.12	25.56	15.48	21.68	17.16	35.21	18.31	20.53

由上表可知，在用户满意度指标上，基于混合改进模型的推荐方案的“非常满意”与“满意”指标都高于其他三项推荐方案，“非常不满意”指标明显低于其他三项推荐方案，说明该推荐方案在用户满意度指标上相较于其他三项推荐方案，具有明显的优化效果。

在预测准确度指标上，无论是精确率还是召回率，基于混合改进模型的推荐方案都明显高于其他三项推荐方案，说明该推荐方案在预测准确度指标上相较于其他三项推荐方案，具有明显的优化效果；

在预测覆盖率指标上，虽然基于混合改进模型的推荐方案预测覆盖率不是最高，但这一指标的评价必须与预测准确度的精确率及召回率指标一同考虑。基于混合改进模型的推荐方案的覆盖率较低，但其同时实现了高精确率。

整体而言，上述评价数据表明，本研究提出的基于混合改进模型的个性化推荐方法在整体推荐效果上明显优于其他三种个性化推荐方法。未来，伴随数据获取的不断完善与研究思路的不断深入，本研究将具备显著的优化提升空间。

第 7 章　在线旅游个性化推荐策略研究

依据前文所述，本书最终构建了在线旅游个性化推荐方案研究的模型框架，厘清了在线旅游用户行为与生成数据、用户偏好主题与空间、用户模型与用户画像、用户-产品二维矩阵等概念，明确了它们之间的逻辑层次与关联，即通过有效挖掘规模用户的兴趣与偏好来减弱用户自身需求的模糊与不确定性，并作用于产品设计与供给，从而反向帮助用户对未知产品进行识别与筛选，进而促进线上旅游消费行为向线下旅游体验的转化与延伸。但在现实世界中，伴随日趋激烈的市场竞争，掌握具有显著优化效果的个性化推荐方案只是基本条件。在线旅游个性化推荐的最终目的是提高用户黏度，增强在线旅游企业的核心竞争力。因此，基于以上考虑，还应进一步从以下三方面分析探讨在线旅游个性化推荐实施所需要的策略指引，包括用户价值评估、企业价值创造及精准营销。

7.1　用户价值评估

通过对用户分类、用户消费水平、用户地理位置三个场景下的用户行为偏好进行分析，可产生用户之于企业方的一种价值评估。据此建立用户价值评估模型，分析用户的显性消费能力，预测用户潜在消费能力，双管齐下，有效实现用户流量变现及附加价值。

为达到精准的用户价值评估效果与目标，首先需要建立用户细分模型，这也是客户关系管理(customer relationship management，CRM)理论中的重要范畴。立足本研究视角——基于用户行为分析，在此选取强调以用户行为来进行用户细分的 RFM 模型来完成用户细分，并在一定程度内进行用户潜在价值预测。

7.1.1　用户、用户分类和用户价值

用户在互联网企业获得企业的产品和服务的同时，也能给企业带来价值的重要资源。可以说互联网企业发展的好坏主要通过用户体现，用户规模越

大，产生的规模经济越大，该类企业的增长潜力也就越大。

众所周知，在互联网飞速发展的时代，有的人经常浏览网页，也有人偶尔或几乎不上网浏览网页，因此，可将用户分为活跃用户和非活跃用户。而这两类用户是可以相互转化的，活跃用户也可能因为得不到期望的服务体验而转为非活跃用户，非活跃用户也可能因为得到了超过预期的超值体验而转为活跃用户。活跃用户是能常常使用互联网企业的产品或服务，并且给企业带来一定收益的用户群，这些用户是能真正给企业带来价值的，在评估时也是选取这一部分的用户。非活跃用户就是偶尔使用互联网企业的产品，之后可能不会再使用或很少使用的用户群，他们给企业带来的价值很小，评估时可以忽略不计。

用户价值顾名思义就是用户能带来的价值，体现在企业层面，就是指用户在企业的整个生命周期中产生的价值总和，包括当前的和未来的。定义中包含了三个条件：一是整个生命周期阶段，即企业与用户保持着一个长久稳定的联系，这样的用户能给企业带来稳定且丰厚的收益；二是企业给用户提供产品和服务，只有企业给用户提供了符合需求的产品和服务，用户才能长期关注企业，成为企业的活跃用户；最后就是用户给企业带来利润，当用户成为企业的活跃用户，就能稳定地给企业带来收益。

7.1.2 建立RFM用户价值细分模型

RFM用户价值细分模型来自企业会员管理领域中的一种会员消费行为分析模型，其各指标定义与内涵如下。

(1)R(recency)，代表用户最近消费时间，具体指代用户上次消费至现在的时间间隔。理论上，消费时间越近的用户越有可能对即时产品与服务产生反馈。但最近消费时间往往是持续变动的。当用户距上一次消费时间满一个月之后，在数据库里他就会成为最近一次消费为两个月的用户；然而，同一天，最近一次消费为3个月前的用户如果发生了新的消费行为。则他将成为最近一次消费为一天前的用户，也就最有可能在短期内收到新产品的促销信息。在实际操作中，R指标是大多运营人员利用率最高的指标工具。

(2)F(frequency)，代表用户消费频率，具体指用户在某一时间段内发生消费的次数。理论上，经常消费的用户往往是对产品及服务满意度较高的用户。从企业方角度来说，该类用户的品牌忠诚度也较高。对该指标工具的关注与改进，将显著提升产品及服务的市场占有率。

(3)M(monetary)代表用户消费金额，具体指代用户在某一时间段内消费产品及服务的金额。理论上，用户消费金额可以验证“帕雷托法则”(Pareto Principle)，即企业80%的收入来自20%的用户消费。它显示出排名前10%的用户消费金额比下一个等级的用户消费金额多出至少2倍，占公司所有营业额的40%以上。

整体来说，RFM模型在反映用户消费偏好方面具有良好的表征性，能够较为动态地显示一个用户产生消费行为的全部轮廓，这为个性化推荐与反馈提供了有效依据。经验数据显示R值、F值及M值都与产品及服务的消费成正相关。

立足本研究3.4章节的研究结果，依据所获取的在线旅游用户行为数据进行RFM用户细分，具体步骤如下。

第一步，需要确定数据分析的时间跨度。考虑到在线旅游实际业务场景，即大多数人日常进行旅游消费的频次状况，将数据分析的时间跨度确定为2年。

第二步，依据在线旅游用户行为数据，提取相应时间区间内的具体数值。提取R值为一个时间点，由当前日期与最近一次消费日期之差得出，以"天"为单位；提取F值为数据库中现有的2年期限内用户消费次数；提取M值为数据库中每个用户所产生的消费金额的代数和，单位为"元"。

第三步，将所有在线旅游用户依次按照R值由小到大、F值由大到小、M值由大到小顺序排列，本研究选取五级划分法，并赋值如表7.1所示。(在实际操作中，基于RFM的用户价值细分模型需要依据各自业务场景定义级距，受限于本研究开展条件，此处不予展开。)

表7.1 基于RFM模型的用户行为赋分

用户行为区间划分	各指标排名	用户行为打分
前20%	R值	5
	F值	1
	M值	1
前20%～40%	R值	4
	F值	2
	M值	2
前40%～60%	R值	3
	F值	3
	M值	3
前60%～80%	R值	2
	F值	4
	M值	4
前80%～100%	R值	1
	F值	5
	M值	5

第四步，在获取各个用户分类的各自指标分值后，需进行每个指标数据的均值计算，并以 AVG(R)、AVG(F)、AVG(M)分别表示，用以与各个用户的指标进行比较。

第五步，依据指标比较结果形成在线旅游用户价值细分，如表 7.2 所示。

表 7.2　基于 RFM 模型的用户价值细分

R 值	M 值	F 值	用户价值细分
↑	↑	↑	重要价值用户
↑	↓	↑	重要发展用户
↓	↑	↑	重要保持用户
↓	↓	↑	重要挽留用户
↑	↑	↓	一般价值用户
↑	↓	↓	一般发展用户
↓	↑	↓	一般保持用户
↓	↓	↓	一般挽留用户

注：“↑”表示大于均值，“↓”表示小于均值。

最后，考虑到 RFM 模型中包含三个指标工具，因此对其用户价值细分结果采用三维坐标系予以生成：X 轴代表 R 值；Y 轴代表 F 值；Z 轴代表 M 值；坐标系的 8 个象限分别表示上表中划分出来的 8 个用户价值分类，如图 7.1 所示。

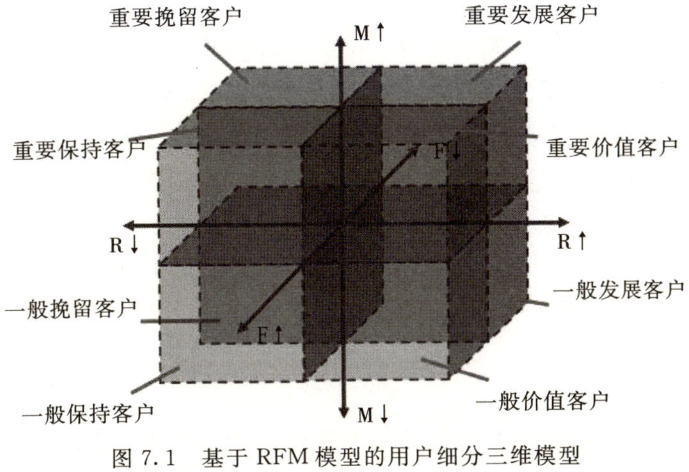

图 7.1　基于 RFM 模型的用户细分三维模型

7.1.3 用户潜在价值预测

虽然 RFM 模型能将用户价值细分为足够精细化的不同类群，但受限于研究数据的获取，该模型的用户价值评估只适用于已发生消费行为的付费用户。然而在在线旅游实际业务场景中，只发生了浏览、点击等行为的用户占比远大于实际发生消费行为的用户。因此，本研究建议采取逻辑回归技术手段来拟合未付费用户与已消费用户之间不同价值等级用户类群的相似度，以实现对用户潜在价值的预测。

具体步骤如下。

首先，准备训练样本与测试数据。选取具有消费行为的用户作为训练样本数据，将 RFM 模型划分的等级标签作为训练样本的类标签，采用交叉验证采样法(m - folder cross validation)，把样本分成 m 份，轮流把其中一份作为测试数据。样本测试数据见表 3.1 数据结构设计。

其次，采用相关系数进行特征属性筛选，通过计算每个特征属性与用户等级类群的相关性来筛选特征。相关性系数值越大表示越相关。计算公式如(7.1)。

$$\rho_{XY}=\frac{\mathrm{Cov}(X,Y)}{\sqrt{D(X)}\sqrt{D(Y)}}=\frac{E(X-EX)(Y-EY)}{\sqrt{D(X)}\sqrt{D(Y)}} \tag{7.1}$$

其中，EX 表示“支付金额”所对应一列数据的均值；EY 表示“用户等级”所对应一列数据的均值；X 表示一行数据中的“支付金额”项的具体值；Y 表示一行数据中的“用户等级”项的具体值；$D(X)$表示“支付金额”所对应一列数据的方差；$D(Y)$表示“用户等级”所对应一列数据的方差。

由相关性分析得到，产品价格、目的地、出游时间、出游天数、页面浏览、页面停留时间、下订单、性别、年龄、居住城市 10 项在线旅游用户行为特征属性与用户价值相关性较大，因此，选取这 10 项特征属性作为在线旅游用户潜在价值预测模型的样本数据特征。

再次，采用逻辑回归对模型进行拟合预测，将用户价值等级多分类问题转化为多个二分类问题。例如：需要预测用户等级为“5 - 5 - 5”的潜在用户，则将训练样本中用户等级为“5 - 5 - 5”的用户标记为 1，其他用户标记为 0，用 Python 语言中的逻辑回归的开源库进行模型训练及预测。

7.1.4 用户价值应用

用户价值的差异性及企业资源的有限性都是客观存在条件。因此，对用户价值进行评估的最终目的是向用户提供与之价值观念及需求匹配的差异化产品及服务策略，同时有效配置企业资源，实现客观限定条件下的用户流量变现及附加价值的最大化。

由用户行为出发，聚拢用户需求，对用户价值进行细分并评估的价值应用框架可分为五个步骤，如图 7.2 所示。

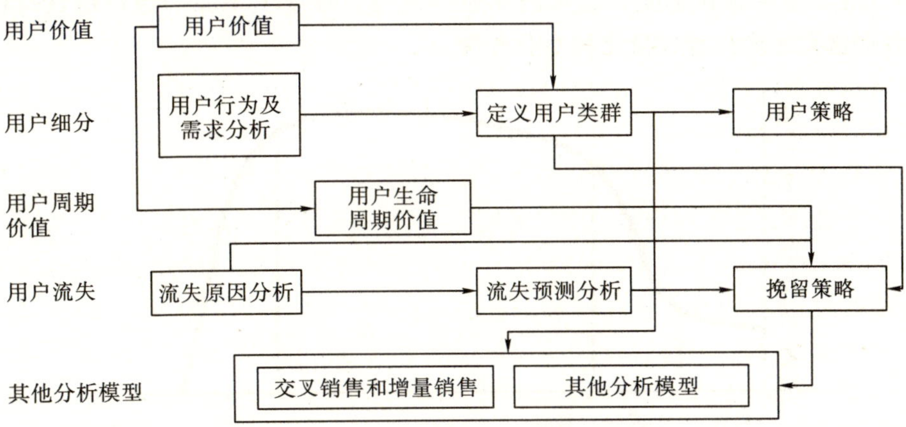

图 7.2 用户价值细分的应用框架

(1)在用户细分步骤中，用户类群可依据其行为发生程度大致分为信息丰富用户与信息匮乏用户。

信息丰富的用户一般具有在线平台注册信息完整、在线消费行为较多等行为特征。对于这类用户，在线旅游平台应尽可能提取其用户行为信息，并对其信息数据进行识别与归类整理。例如，依据用户 A 的页面浏览路径分析，发现其在进行页面浏览时往往选择按价格高低排序进行浏览，且通常点击入口为“特价专区”，由此可将这一用户识别归类为“价格敏感型用户”，从而针对该类型用户的个性化推荐应侧重考虑价格因素的影响，如近期打折信息、促销活动等；依据用户 B 的页面点击，发现其在进行页面浏览时往往选择“新品推荐”，因此可将这一用户识别归类为“新品尝试用户”，从而针对该类型用户的个性化推荐应侧重为其提供“新品尝鲜”等定制活动，并邀请其参与体验分享活动，加速产品信息在潜在用户中的传播与流动。

信息匮乏的用户一般表现为非注册用户或浏览行为偶尔发生的用户行为特征。这类用户往往可通过个性化推荐手段吸收为潜在用户。考虑到该类用户的可收集行为数据规模较小，需要对其基础的浏览行为数据进行充分挖掘与利用，如尝试向其推荐与其浏览类似产品的用户购买的产品，或将用户评价较好的产品向其进行推荐，尽可能降低该类用户的搜索与浏览成本，最大程度引导其延展行为的发生。

(2)用户生命周期的概念来源于营销学中的用户生命周期理论(customer lifetime，CL)，此处指在线旅游用户之于平台的生命周期，代表用户从与在线平台建立关系开始到与之脱离关系的整个发展过程。对于企业方的运营管理来说，用户生命周期由用户生命周期价值体现，一般分为四个阶段，如图 7.3 所示。需要强调的是，这里的商业价值很大程度上来源于用户信息与行为数据这类无形且难以量化的商业资源。

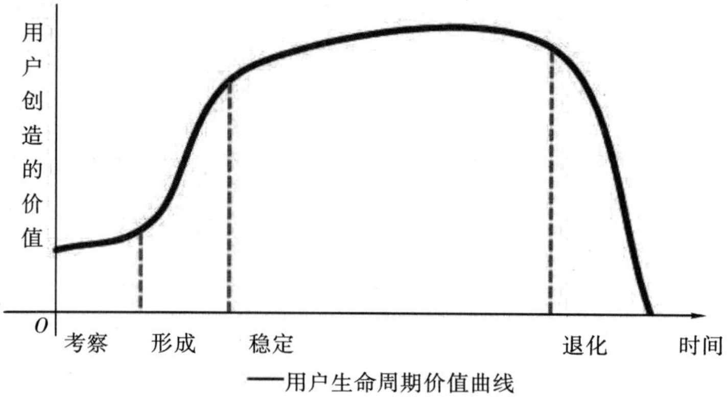

图 7.3　用户生命周期与价值曲线

从用户的生命周期曲线可以看出，用户在与在线旅游平台建立关系并产生交互的过程中，会依次经历考察期、形成期、稳定期与退化期。用户在每一个阶段都会为平台带来不同的商业价值。其中，处于考察期的用户价值相对较低；进入形成期，用户对平台的兴趣偏好将有一个大幅的提升，用户行为表现为不定期进入，并尝试进行交互，此时用户价值有了激增；当用户行为表现为频繁进入平台网站，除了自身的交互行为之外，还在某种程度上以社群形式为网站产品及内容进行传播，即进入了用户的稳定期，此时用户价值达到最高点并能保持相对稳定；一旦用户行为表现为与网站的互动关系产生裂痕，直至彻底离开，即进入了用户生命周期的退化期，此时用户价值骤降。

在企业的经营管理中，需要注意的是，用户并不一定是在经历稳定期之后才会出现退化期，在前两个阶段中，一旦存在某些因素影响了用户的消费体验或情绪感知，用户于此在线平台的生命周期就有可能进入退化期。这就涉及用户价值应用中的“用户流失”问题。

(3)用户流失分析，分为三个细分步骤：流失原因分析、流失预测分析及挽留策略。针对在线旅游实际业务场景，可把在线旅游用户流失原因依据其所处的用户生命周期阶段进行对照分析，如表 7.3 所示。

表 7.3 用户流失原因对照分析

<table>
<tr><th>分类</th><th>考察期</th><th>形成期</th><th>稳定期</th><th>退化期</th></tr>
<tr><td rowspan="2">刚性流失</td><td>页面视觉
感受不佳</td><td colspan="3">在线旅游产品及服务出现重大失误</td></tr>
<tr><td>消费价格
难以接受</td><td colspan="3">过度追求 ARPU① 导致在线旅游低端用户流失</td></tr>
<tr><td rowspan="3">受挫流失</td><td>新用户
进入成本较高</td><td colspan="3">用户或内容质量失控</td></tr>
<tr><td>与竞品
区别不明显</td><td colspan="3">存在用户被迫边缘化</td></tr>
<tr><td>服务
可用性较差</td><td colspan="3">用户培养体系不健全</td></tr>
<tr><td rowspan="3">自然流失</td><td colspan="4">在线旅游产品及服务更新不及时</td></tr>
<tr><td colspan="4">在线旅游购买及反馈流程设计陈旧、体验性差</td></tr>
<tr><td colspan="4">在线旅游会员账户系统及周边系统不健全</td></tr>
<tr><td rowspan="2">市场流失</td><td colspan="4">竞品促销</td></tr>
<tr><td colspan="4">政策影响</td></tr>
</table>

用户流失预测分析的重点是对用户流失率进行计算。传统用户流失计算方式是以总用户流失量除以总用户数量。但在实际业务场景中，这类计算方式存在明显的弊端，即总用户数量的标准不一，包括期初的总用户数量及期末的总用户数量。显然，当标准不一时，所计算出的用户流失存在较大偏差。据此，本研究提出设想，结合前文所述的用户生命周期价值分析，以用户生命周期时间为指标来进行用户流失率的计算。这一方法的理论逻辑与假设来自：用户每天都存在一定概率与在线平台脱离，即出现用户流失，且每月时间天数大致固定，为 30 或 31 天，每月平台用户以匀速保持增长。(受限于本研究开展条件，关于此计算方法的理论研究与假设不予展开，待日后研究完善。)

用户的挽留策略目标包括两个：防止用户流失与用户挽回。防止用户流失可考虑从两方面着手。一是在发生用户流失行为前，依据基于用户行为分

① ARPU 即每用户平均收入(Average Revenue Per User)。其侧重表示在某个时间段内运营商能从每个用户那得到的收入。

析的用户模型与用户画像识别出用户的流失风险与方向，建立流失预警模型，采取针对性激励措施防止流失行为的发生；二是在发生用户流失行为后，针对流失原因立即启动产品及服务优化措施，从根本上解决用户流失痛点。用户挽回策略因流失原因不同存在着不同的回流方式。首先需要对用户回流的可能性进行评估，即需要找准用户回流的触点，其次，再考虑该挽留策略是否会对现有用户体验产生负面效应；若确立流失用户存在较大的挽留可能，需立即制定合理的用户召回方案，包括召回渠道的选取、召回信息的发布及召回后的引导与反馈，最终将其引导并转化为活跃用户。

7.2 企业价值创造

整合是持续的常态过程。互联网时代，人们的思维方式及行为态度都在不断改变，在线旅游企业的生存结构与价值创造的基础环境也发生着巨变。在如今的互联网时代，在线旅游企业正经历着加速融合与不断变革。互联网改变了传统行业的发展速度，为在线旅游树立了新的竞争业态。此时的挑战，已渗透到在线旅游企业经营的各个环节，包括商业模式、产品设计与开发、品牌定位与业务拓展、销售与售后服务等，在线旅游企业价值链已然面临重构。

7.2.1 用户价值与企业价值

企业价值包括很多种价值，其中一部分就是用户价值，在这里大概介绍一下其对企业价值的作用。

(1)用户购买产品和服务，使得企业获得销售收入。互联网企业通过自己设计的产品吸引大批用户，例如360就在提供安全技术的同时还开发出360浏览器、360导航、360网盘及360旗下的智能硬件等一系列产品以满足用户全方位的需求。

(2)用户能提高网页浏览量，产生用户价值，从而提升企业价值。用户的网页浏览量大，说明用户需要企业提供的产品或服务，同时也说明了用户会购买该网站产品或服务的机会更大。

(3)企业的用户数量达到一定的用户规模效应时，便可以由此效应来吸引广告商，从而获取广告收入。同时，当企业用户数量十分可观时，投入的广告可以被快速传播，扩大了该广告的知名度。广告商看到自己的产品被市场广泛知晓，也就更愿意向这类拥有用户量较多的网络平台支付更高费用。

7.2.2 用户价值模型的改进

在理论与实践中总结出来的用户价值模型通常假设企业的用户数量不变，但是在实际企业运营中，用户数量是时刻变化的。因此，在运用用户价值估值模型时，需要考虑到用户数量的变动，使得该模型合理可行。

其实对于用户数量这一重要指标，已经有学者研究过，例如，帅青红(2005)在文中就提到过，建立一个S模型来估计企业客户规模，这一模型类似于Bass在1969年建立的扩散模型，可以用来测算现在和未来任何时间段的客户数量；谈多娇(2010)认为使用Horsky的扩散模型能考虑营销策略变化导致的客户数量变化因素，估计未来客户的数量。该模型假设预计客户规模为N，在时间T的潜在顾客为N-QT，一位潜在顾客在时间T购买的条件可能性为PT，则在时间T内由潜在顾客转变为实际顾客的人数为PT(N-QT)。李伊平(2017)认为不考虑用户量的变动进行价值评估不够精确，建议合理考虑企业实际情况进行用户量的调整。

由此可知，在使用用户价值模型进行价值评估时，对于用户这一重要指标，早已有学者认定了它的变动性。对此，本书利用企业的历史数据，运用各函数进行预测，以达到对用户数量的调整改进，从而获得用户价值估值模型中相关参数的最优值，使得出的评估结果更加合理，以进一步增强用户价值估值模型的适用性。

7.2.3 信息交互的驱动模式升级

从农业时代到工业时代，再到如今的互联网时代，产品的毛利率都在不断降低。回顾在线旅游企业多年竞争常态，不难发现只有不断更新与创新企业发展的驱动模式，在市场竞争中实现降维化①，才能确保企业具备长期且持续的盈利能力。能否在产业链上创造出真正的价值，是在线旅游企业价值链重构中驱动模式是否行之有效的重要检验标准。

从产品及服务的个性化推荐角度来看，在线旅游企业价值可通过用户端与产品供应端之间的闭环实现动态传输，通过对用户实行个性化推荐策略，使用户可对企业方定制与供给的在线旅游产品及服务提供有效反馈。在线旅

① 刘慈欣，《三体》。是一种通过降低敌人所在世界维度而毁灭敌人的方法，比如说我们生活在三维世界，降维攻击会把我们的世界变成平面的二维世界，作为立维生物的我们，自然无法生存。而这个词的引申意义则是处在低层次的人把别人拉到和他一个层次上，然后再进行攻击。

游企业在互联网时代下的驱动模式应侧重信息交互，这一认识将助力在线旅游企业价值链重构，并在一定程度上对在线旅游企业的商业生态理论产生深刻影响。

与工业时代相比，互联网时代的价值观念、准则与商业逻辑、规则都存在巨大差异。同时，大数据分析技术的运用也为在线旅游企业提供了商业价值创造的无限可能。相较于工业时代中产品从设计到到达用户手中需要耗费渠道、营销、库存等多项硬性资源成本，互联网时代下“一切数据皆是资源”，重视信息交互的驱动模式升级将有效降低在线旅游企业对(从输入到输出的产品及服务)生产与供给构成的中间渠道合作者的依赖程度，由此大幅缩减生产与销售成本。除此以外，深度挖掘与高效利用在线用户行为信息数据，也将一定程度上降低广告输出成本，从“经营产品”转向“经营用户”，营销方式更为直接有效。由此，在产品及服务成本大大降低的同时，保证了在新产品的设计与上市之前就能实现与用户的对接。这种高效且实时的信息交互模式使在线旅游企业的产品及服务更具黏性与竞争力。

7.2.4 情感属性的产品供给迭代

互联网时代的产品生命周期大大缩短，从在线旅游企业对传统旅行社的侵入式冲击即可看出，互联网自身显著的信息透明化特质使传统旅行社多年来的信息不对称问题暴露无遗。传统旅行社所具备的竞争优势与品牌优势被不断弱化，但与此同时，人们对旅游消费与体验的需求程度与质量要求越来越高，从工业时代的单纯的观光游览需求已逐步提升为互联网时代的多元审美及情感体验需求。如今的互联网时代，在线旅游企业的生存常态是颠覆式生存，尤其对于产品设计，为适应不断变化的用户消费需求，产品及服务的供给就必须不断进行自我刷新与快速迭代。

乔布斯曾说过：“我们正处于科技与人文的十字路口。”对于在线旅游产品及服务而言，除了基本的功能属性之外，附加的情感属性也成为产品快速迭代的重要来源与依托。正如人们愿意花高价购买苹果手机这类消耗品一般，主要的原因是对其设计与体验感的认可与欣赏。产品之于用户的情感属性，往往能带来远超期望的商业价值。之于在线旅游产品及服务，用户的情感属性即是极致性体验。

7.2.5 社群商业化的企业利润递延

传统旅行社的企业利润主要来源于其上下游企业的各个环节，从旅游服务供应商(包括酒店、航空公司、景区景点、租车公司等)到地接社、组团社，最终到游客。受限于信息壁垒与技术障碍，传统旅行社的整体盈利模式与利润空间是由旅游服务供应商与旅行社一同掌控的，表现为简单的串行组合，市场细分程度低导致企业利润结构单一。而对于在线旅游企业，其市场细分程度较高，包括上游在线旅游服务供应商、将传统旅行社销售模式放到网络平台上的在线旅行社(online travel agent，简称 OTA)、在线旅游搜索、在线旅游资讯及在线旅游社区平台等多种业态。每种业态都有其个性化的盈利模式，如 OTA 依靠佣金，在线旅游搜索依靠点击付费及广告收入，在线旅游咨询及在线旅游社区平台依靠用户流量变现及闭环分销等。企业利润结构具备多样性且具备不断改良和更加合理的生存逻辑与空间。

从个性化推荐的研究立场来说，产品本身可以被看作一个载体，与其说它承载的是某些具体功能，不如说它传达的是对用户情感需求、兴趣偏好的关注。对于在线旅游企业来说，评价一个产品及服务是否优秀，即是评价其所能带来的用户与粉丝群体是否可观，这个过程显示出在线旅游企业的全新特征，即“社群”的概念。

社群(community)，一般隶属于社会学及地理学的学科范畴，指代一切发生作用的、包含实际或抽象的社会关系或社会网络。特殊地，它包含社群精神(community spirit)与社群情感(community feeling)，之于旅游，即是由精神或情感需求所产生的人类进化和社会、经济、文化发展到一定阶段的复合产物。从最原始的居住形式来看，游牧和定居是人类生存史上的两种主要居住方式，它们构建了人类生存方式中“动”与“静”的内在张力，代表着移动和静止连续谱的两端。旅游存在于这段连续谱当中，形式上表现为人类居住形态的不断变化，内容上表现为对身心自由与理想家园的追寻，这种追寻即是社群精神与情感的追寻。也正是因为在这样的社会背景与时代变迁下，旅游之于人的存在与生存方式不断发展，逐渐显露其“非谋生型”与“社交性”等非功利性特质，这种特质的传播与实现不仅是旅游行为本身的内涵，也是旅游企业价值挖掘的依据。因此，从旅游行为的本源来说，其具有显著的“社群”色彩与逻辑。

如今，社群借助网络存在并发展。据艾瑞咨询于 2016 年 8 月发布的《2016 年中国网络社群研究报告》显示，中国网络社群已然步入 3.0 时代，其发展历程与形态如图 7.4 所示。此时，中国网络社群显示出跨级、跳跃式的传播结构与分布，相较于传统的广告模式，更易形成多层级的传播效果。在这样的社群文化及社群经济大环境下，依托日益完善的在线支付体系，如云服务等，围绕在线旅游实际业务场景及需求，可借助品牌合作、平台共享、衍生产品链供给等多种模式，围绕在线旅游者社群内容与偏好品牌进行前向收益的挖掘与拓展。

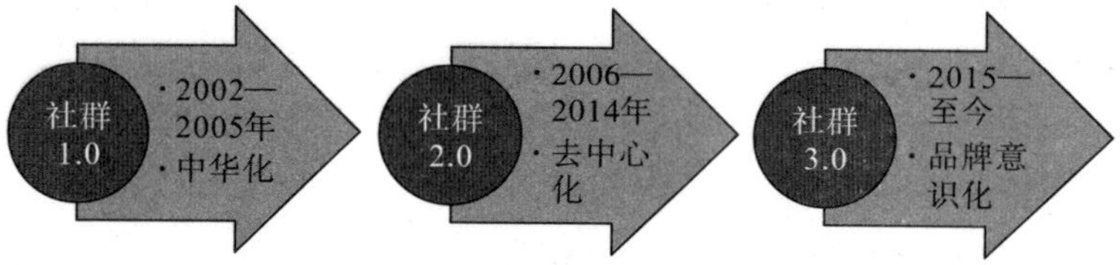

图 7.4　中国网络社群发展历程与形态

依据前文的逻辑递进，在线旅行社群商业化运营可分为两个层级。

一是基础层次。从用户自身的个性化需求与偏好出发，聚拢社群内容的独特性；依据 RFM 用户价值细分模型，从用户最近消费时间、用户消费频率及用户消费金额三个维度定义并对社群成熟度进行划分；由用户最终选择消费的产品及服务的反馈行为分析，得到用户对在线旅游具象品牌的认可与忠诚度，即以社群成熟度、社群内容独特性及社群品牌认知为基础内容开展初步的商业化推进策略。

二是进阶层次。以基础层次为基础结合在线旅游业务的实际场景及各自在线旅游企业自身资源状况，对目标用户所聚拢的社群资源价值进行合理评估，寻找可以切入的商业模式入口，即以社群资源价值合理评估及商业模式选择为进阶层次寻找企业利润递延的空间。

基于此，在线旅游企业的盈利模式由单一的产品直接盈利走向社群多方盈利，企业利润顺延得以实现。

7.3　个性化精准营销

"营销之父"菲利普·科特勒于 2005 年首次提出了"精准营销"(Precision Marketing)的概念，即一种更精准有效的营销沟通，它具备可量化及高回报的特征，需要通过制定更具行动力的营销机制来实现沟通与营销目标。这种理念下的营销与如今的电子商务背景存在恰当融合。激烈的市场竞争下，企业的营销模式迫切需要提档升级，传统的销售方式已无法获取精准高效的营销回报。重新对产品及服务的目标市场进行定位，对目标用户进行兴趣偏好的行为分析，并依据个体差异开展针对性营销已是大势所趋。据此，个性化精准营销即是网络技术革新与营销观念转变的共同产物。

对于主打 B2C 模式的在线旅游企业来说，个性化精准营销更是其运营管理的重要范畴。依托现代信息技术手段建立个性化精准营销服务系统，将在很大程度上增强在线旅游平台的用户黏度，并为企业方的产品设计与服务供给提供反馈思路与改善空间，间接实现在线旅游可度量的低成本扩张之路，进而创造出一种在线旅游用户与企业的互利共赢。可以说，个性化精准营销已成为一种有态度的网络营销理念。

目前，大多"精准营销"的逻辑偏差来源于理念偏差。由传统旅行社与在线旅游企业用户价值对比分析(如表7.4所示)可知，传统旅行社的核心价值在于产品维度，"精准营销"主要体现在广告内容的精确发送，在营销模式上侧重对媒体等传播渠道的关系管理与维护，很大程度上忽视了产品的实际受众即用户的心理需求与行为表征。因此，营销内容的输出存在方向性的偏差，企业缺乏对实际用户需求的市场调研与行为分析，更谈不上动态跟踪的技术思维与手段。借力互联网与大数据技术，立足用户需求，关注个性化精准营销，转变旅游行业运营管理理念，由"经营产品"转向"经营用户"，不断提高用户让渡价值，以社群运营模式深入挖掘目标人群的差异性需求，基于特定消费心理与习惯提供个性化推荐系统解决方案，将大力夯实在线旅游企业的核心竞争力。

表7.4　传统旅行社与在线旅游企业用户价值对比

对象	基本价值	产品增值	服务增值	核心价值	用户感受	营销意义
传统旅行社	产品价值	规模效应	基础单一服务	产品价值	一般体验	帮助用户了解产品
在线旅游企业	产品价值	个性化效应	一站式多元服务	用户价值	高质量体验	帮助用户了解市场

据此，在线旅游个性化精准营销策略可从以下两方面展开。

7.3.1　提高用户让渡价值

用户让渡价值(customer delivered value)，也叫顾客让渡价值，最早由营销大师菲利普·科特勒在其著作《营销管理》中提出，用以衡量能让顾客或用户显著感受到的、来自企业转移的实际价值，表现为用户购买总价值(total customer value)与用户购买总成本(total customer cost)之间的差额。其中，用户购买总价值(TCV)是指用户在购买并消费某一产品或服务的过程中期望得到的价值；用户总成本(TCC)是指用户在上述过程中所需要付出的刚性成为，包括用户的时间、精力及资金货币等。立足用户角度，当其一旦发生消费行为，总是会期望尽可能降低刚性成本并同时获得最大程度的用户利益与价值，即会从价值与成本两个方面对购买及消费的产品与企业进行衡量，并产生主动倾向从中选择价值更高、成本更低的(即让渡价值最大化)的购买及消费方式。据此，围绕用户消费心理与实际需求，为吸引更多的潜在消费者发生实际购买行为，提升在线旅游由线上行为到线下消费的转化效率，在线企业的个性化精准营销目标应立足用户行为发生的心理学视角，目标指向“提高用户让渡价值”，实现途径从提升用户价值与降低用户成本两方面同时展开。

在提升用户价值方面，可对用户实行“一对一”个性化服务，提升产品及服务的价值适应性，增强用户消费满意程度，借力不断更新的信息技术手段，以发展促增长，通过建立用户模型挖掘用户关注点与痛点，为后续搜集用户需求、聚拢客户及筛选供应商提供有力数据支撑。

在降低用户成本方面，可对营销渠道进行效果评估、筛选与改进，缩减低效渠道开支，合并类似渠道供给。在个性化推荐领域，可尝试做C2B反向定制①，根据目标用户需求来定义产品，聚拢用户需求，帮助在线旅游服务供应商搭建与用户进行有效沟通的信息交互平台及渠道，从在线旅游产品及服务的供给端实现对用户的“批量化定制”，在维持传统旅行社规模效应的产品增值基础上，强化在线旅游企业的个性化增值效应。

充分利用大数据、云计算系统对消费者网购信息进行统计，进而制定符合不同年龄段和不同经济水平消费者购物需求的商品推荐信息。不同消费者的购买行为存在较大差异，企业不能对所有消费者都采取相同的营销模式。企业应该通过大数据系统收集不同消费者的网购信息，并对有相似购物行为的消费者进行归类，同时制定多样化的经营模式，做到商品和服务的精准投放。企业还应该充分结合不同消费者的消费特点、习惯来进行商品营销，进而提高消费者的购物兴趣。

提高商品信息的透明度、新颖度，拓展广告的传播途径。消费者在网购过程中，往往会收到较多的商品推荐信息，大量的信息极有可能使得消费者产生反感，同时部分消费者会受到虚假信息，导致财产受到损失，最终影响其购物兴趣。所以企业应该提高商品推荐信息的质量，保证信息的准确、新颖，坚决遏制虚假、诈骗信息的传播，为消费者提供一个安全的购物环境。同时，电商应该提高广告的质量和增加广告的宣传途径，突出体现商品的亮

① C2B(consumer to business)是互联网经济时代新的商业模式。这一模式改变了原有生产者与消费者的关系，是一种消费者贡献价值、企业和机构消费价值的商业模式。C2B模式和我们熟知的供需模式(DSM，demand supply model)相反，通常情况为消费者根据自身需求定制产品和价格，或主动参与产品设计、生产和定价。

点，吸引消费者。

增强商品的售后服务，及时获取消费者的评价信息。售后服务会影响消费者对商品甚至企业的印象，企业应该完善商品的售后服务，增强消费者对企业和商品的好感。同时，企业应及时获取消费者的评价信息，根据评价信息进一步完善商品和服务质量，这对提供更加符合消费者需求的商品和服务具有重要价值。

总之，在进行精准化营销的过程中，应注意识别用户需求和引导用户需求。识别用户需求的主要任务是通过多种方式分析用户的需求，如通过品牌社区支持收集用户的基本信息及网络消费特点，从而分析出用户的网络消费需求。引导用户需求则是通过便捷方式向消费者推荐其他的衍生产品，从而提高消费者的购买欲望。

7.3.2 着力开展社群运营

物联网时代来临，在线旅游用户行为日益丰富多样。此外，自媒体的大热又使用户关系变得复杂，在一定程度的社群网络中，每个人是关注者又是被关注者。在线用户基于相近兴趣偏好聚拢之后日益表现出一种“弱连带”的社群关系。全球复杂网络研究权威巴拉巴西在《爆发：大数据时代遇见未来的新思维》一书中指出：“人类行为的93%都是可以预测的，这既颠覆人的常识，又抓挠人的好奇心。要知道，人的矛盾之处无所不在，我们既要通过已知寻求安全感，又要通过未知维持新鲜感。是未知造就了人的想象力，又是想象力在创造着新的未来。”这是新时代背景下关于用户关系管理的一种全新的逻辑思维。据此，我们可以大胆预测，未来的世界，企业将不再仅仅关注规模、标准化与权力，而将关注灵活性、敏捷性、个性化与用户友好。对于在线旅游，即是通过加强用户行为数据的收集与有效利用来合理分析并预测用户历史行为与潜在需求，关注社群关系网络的情境作用与影响，合力开展社群运营，进行基于口碑推广的个性化精准营销。

首先，需要对用户所在社群进行精准定位，如借助热门社交媒体进行广告植入，用以获取一个大致范围的用户兴趣偏好，由此对用户所在社群进行初步的筛选、分类与评估，利用用户碎片化时间形成规模效应。其次，加强社群关系拓展，利用社交关系纽带对用户社群进行层级拓展。可借鉴一些较为成功的案例，如腾讯公司曾进行过类似的个性化营销，采取的是实时竞价投放(Real Time Bidding，简称 RTB)的理念与方法，即利用第三方技术手段，对在线平台上的每个用户进行行为评估并出价。相较于传统大体量大规模的广告投放，实时竞价投放可有效规避无效受众，大大降低资源的浪费及对用户的无效干扰，同时，可实现营销过程的高度自动化与规模准确性。实时竞价投放为所有在线平台提供了一个新的营销逻辑与思路。如今的营销应充分挖掘用户行为的基本数据与关系数据，实行立体化的“以人为核心的精准营销”(曾凡斌，2013)。

总之，企业应明确不同导向的精准化营销手段所产生的价值传递。例如，在识别用户需求阶段，发挥关键作用的是感知有用性，此时应该向用户推荐相关度较高的产品，精确分析用户的网络消费特点和行为。为提升感知易用性，企业应着重关注广告文案的新颖性及广告的投放方式，如果广告能便捷地投放给消费者，消费者的购买欲望也会得到一定的提高，进而提高品牌共创价值。

构建和完善品牌社区，应营造良好的品牌社区氛围，进而提高识别用户需求对品牌共创价值的积极影响。企业可以结合线上品牌社区与实体品牌社区，开展特定的品牌活动，为品牌成员提供特定的折扣等，一方面可以提高消费者对品牌的信任度，另一方面企业也可以收集到消费者的消费特点，从而更好识别用户需求对品牌共创价值的影响。

注意识别消费者在搜索商品时所投入的精力和涉入程度，若消费者的涉入度较高，则不宜使用引导用户需求的做法，因为根据本研究，消费者涉入度较高时，引导用户需求对品牌共创价值的积极影响较弱。因此，在识别到消费者具有较高的涉入度时，应该加大力度充分挖掘消费者偏好，刻画更完整、准确的消费者画像，进而提升消费者对品牌的价值共创意愿和行为。

7.4 本章小结

个性化推荐方案可实现对在线用户实际与潜在需求的分析与预测，并为其提供所需产品及服务，但其最终目的是大幅提高在线旅游用户与产品的交互程度，提升在线旅游由线上到线下的转化效率，增强在线平台的用户粘度，提高在线旅游企业的知识创新能力，实现更大的商业价值与服务价值。因此，在线旅游个性化推荐方案的研究最终是在线旅游企业经营管理的策略研究。基于上述分析讨论，对于在线旅游企业，本研究的启示主要有以下几点。

(1)通过用户价值评估帮助企业实现长尾效应

在线旅游属于在线电子商务平台的零售服务业，其未来发展趋势将是平台化与长尾化的结合。长尾的概念最早是由《连线》(*Wired*)杂志主编安德森在《长尾》一文中提出的。长尾效应表现为处于长尾端的产品与服务因其数量的庞大，往往可带来远超期望的商业价值。因此，如今的在线互联网企业也开始重视企业经营管理中的长尾效应，因为它们发现商品销售中的非热门产品已不知不觉占据了不可忽视的比例，如亚马逊的多季度财报显示其大约四成的零售额来自非热销商品；易趣网的多季度财报显示其获利主要来自长尾的利基[①]商品。在此基础上，在线旅游个性化推荐方案中的用户价值评估不仅能帮助用户明确自身的模糊需求与潜在需求，对于企业方来说，也能准确定义用户的价值区间，增加交叉销售，实现长尾效应。

(2)通过数据资源挖掘帮助企业增强用户黏性

在线旅游用户具备零售服务行业用户典型的非契约型特征，用户对平台的使用黏度较弱，且同行业中平台的同质化程度较高。因此，对于在线旅游企业来说，非标服务是新的创业风口与行业蓝海。事实上，伴随平台数据量的不断增加，一切数据皆是资源，基于用户行为分析的每一次个性化推荐都是基于用户维度对产品及服务情境的探索与完善。充分利用在线旅游用户行为数据，将大大减弱企业对中间环节合作者的依赖程度，在在线旅游产品及服务成本大大降低的同时，保证了在新产品上市之前就能实现与用户的对接。这种高效且实时的信息交互模式将促进在线旅游企业具备更强的用户黏性与竞争力。

最后，还需要再次强调的是，在线旅游作为零售服务业的电商平台，需要时刻将用户体验置于最重要的地位。用户需求与兴趣偏好是产品及服务的本源，产品及服务是满意与实现用户需求与兴趣偏好的载体，技术是实现产品及服务功能的支撑，三者的逻辑关系切不可颠倒。在产品及服务的设计与供给中，切不可利用某项技术去反向构思个性化推荐，而应基于用户需求来驱动产品设计与技术服务。这是互联网时代一切技术利用的底线，也只有遵守这样的商业服务理念与规则，才能发挥出个性化推荐方案的最大效能，满足与实现用户与企业的双向需求与价值。

---

① 长尾市场也称之为“利基市场”。“利基”一词是英文“Niche”的音译，意译为“壁龛”，有拾遗补阙或见缝插针的意思。利基市场是一个小市场并且它的需要没有被满足，有获取利益的空间。

第8章　结论与展望

信息时代背景下，网络已成为人们日常生活中不可分割的一部分。互联网正在不断改变人们的观念、消费方式及习惯。作为消费者行为学研究的重要范畴，消费者网络信息行为分析在高信息敏感性的在线旅游实际业务场景中同样处于产品设计与供给的重要环节。同时，伴随互联网信息技术的普及与大数据思维的广泛运用，促使在线旅游用户行为有效转化为海量且宝贵的在线旅游用户信息数据，具有极大的商业价值与服务价值。

因此，本研究在旅游市场学、消费者行为学、信息行为学及电子商务等跨学科、多领域知识体系的共同指导下，通过用户深度访谈、网站信息采集、用户行为日志跟踪与观测等多种方法，采集研究资料与数据，运用质性分析、统计分析、文本语义分析、数据建模、向量相似度计算、个性推荐方法等一系列信息挖掘技术与方法，提出基于在线旅游的实际业务场景，围绕个性化推荐的内涵与目标，对在线旅游消费者行为进行实践性研究。具体思路是：首先对在线旅游用户(包括在线旅游潜在消费者与实际消费者)的每一项行为事件进行定义与分类，并由用户行为聚拢用户需求与偏好，反向定制在线旅游产品，形成在线旅游个性化推荐，探寻由个性化推荐引导的在线旅游线上到线下的转化机制，以及在线旅游用户到企业、企业到用户两者之间存在的逻辑规则与交互空间，并据此提出在线旅游个性化推荐策略的研究方向，以期为未来在线旅游健康发展乃至寻找新的蓝海提供思路与方向。

8.1　研究内容

依据上述逻辑展开，本书的研究内容与拟解决的主要问题包含三个层次。首先，本研究是一项“互联网＋旅游”的跨界融合研究；其次，本研究是一项针对在线旅游用户行为划分的、以个性化推荐为实现途径的、探讨用户与产品之间逻辑规则与交互空间的探索性研究；再次，本研究是一项基于在线旅游个性化推荐方案所进行的对企业经营管理策略的指向性研究。因此，在研究逻辑与内容的指引下，本研究最终提出了一个跨学科、应用型的整合框架——在线旅游个性化推荐方案研究，其技术条件来源于大数据挖掘与利用，其应用范围限定于在线旅游实际业务场景，其目标指向为用户需要极致体验，企业需要精准营销。个性化推荐方案可大幅提高在线旅游用户与产品的交互程度，提升在线旅游由线上到线下的转化效率，提高企业的商业价值与服务价值。

8.2 研究结论

基于以上研究逻辑、内容与过程，本研究的主要结论包含以下四个方面。

(1)在线商务环境的复杂性与旅游活动的特殊性决定了在线旅游用户与企业之间的相互作用存在复杂的认知过程与行为过程。通过个性化推荐的实现途径与方法，本研究确立在线旅游产品的设计与供给存在“聚拢用户需求并进行反向定制”的逻辑，在线旅游用户与产品之间存在交互设计的可能，并可借力信息技术手段予以实现。具体来说，信息技术手段，如大数据技术，能创新性地帮助企业通过互联网便利地获取用户更为广泛、全面的反馈信息，并对收集到信息进行细分处理，最终产生能指导供给与需求的个性化企业经营模式与理念措施。这一过程的具体实施以个性化推荐为主要途径。

(2)通过对目前主流个性化推荐方法的比较可以看出，在线旅游企业需要对现有方法进行组合与改进，组合的目的是在充分发挥各自优势的同时弥补各自的弊端。同时，依据对在线旅游用户的数字化聚合与描述，研究发现实行个性化推荐依然存在实际操作困难：第一，在对在线旅游产品进行分类时，需要人工对用户及产品进行分类，主观因素影响较大，很难控制细分维度的粒度；第二，在计算用户对在线旅游产品偏好程度时，用户的评论内容数据存在异构性特征，难以定量衡量；第三，不同用户在不同情境下的兴趣偏好是存在差异的，用户情境感知因素可能影响个性化推荐效果。最终，本研究提出加入隐语义模型与情境感知过滤等方法与技术手段对现有个性化推荐方法予以补充完善，并进行了详尽的过程研究。

(3)在消费者行为学与情境理论研究的指引下，本书构建了基于用户行为分析视角的在线旅游个性化推荐方案研究的模型框架，厘清了在线旅游用户行为与生成数据、用户偏好主题与空间、用户模型与用户画像、用户-产品二维矩阵等概念，明确了它们之间的逻辑层次与关联，即通过有效挖掘规模用户兴趣与偏好来减弱用户自身需求的模糊与不确定性，并作用于产品设计与供给，从而反向帮助用户对未知产品进行识别与筛选，进而促进在线旅游消费行为及线下旅游体验的延伸。

(4)依据本书提出的在线旅游个性化推荐方案的模型框架，以个性化推荐技术手段为主要途径，以提高用户黏度并增强企业知识创新能力为目标导向，本研究对在线旅游企业的运营管理提出了指向性建议。第一，重视用户价值评估，依据不同场景下用户行为的偏好分析可产生用户之于企业方的一种价值评估，据此建立用户价值评估模型，分析用户的显性消费能力，预测用户潜在消费能力，双管齐下，有效实现用户流量变现及附加价值。第二，更新企业价值创造，整合是持续的常态过程。互联网改变了传统行业的发展速度，为在线旅游树立了新的竞争业态，此时的挑战已渗透在线旅游企业经营的各个环节，包括商业模式、产品设计与开发、品牌定位与业务拓展、销售与售后服务等，所以，应不断修正与更新企业价值创造的途径，包括信息交互的驱动模式升级、情感属性的产品供给迭代及社群运营的企业利润递延。第三，强化个性化精准营销。基于B2C模式的在线旅游企业应依托现代信息技术手段建立个性化精准营销服务系统，从而增强用户黏度，并为企业方的产品设计与服务供给提供反馈思路与改善空间，间接实现在线旅游可度量的低成本扩张。

8.3 研究创新

本研究试图在以下方面进行创新。

(1)在研究思路上，基于旅游者网络信息行为理论、情境理论、网络口碑理论、在线评论理论等多方视角，打破了已有消费者行为研究的单一视角，将研究重点与焦点置于消费者与企业方之间逻辑规则与交互空间的探讨，并据此构建了在线旅游个性化推荐方案的模型，明确了在线旅游个性化推荐方案中数据层、触发层、模型层及业务层之间的逻辑层次与关联，研究视域更加开阔，研究内容更加丰富。

(2)在研究方法上，采用实验观察(屏幕跟踪)、深度访谈、网络数据挖掘及计量统计等方法，对在线旅游海量用户行为信息进行数据采集与处理，对用户兴趣与偏好进行定义与分类，对用户与产品之间的相似程度进行计算与衡量。其中，网络数据挖掘技术方法的引入，弥补了传统问卷调查以"游后追忆"获取数据的不足及一般性计量统计的低效，为在线旅游个性化推荐方案整体模型框架的提出提供了更为直观且真实的数据基础与依据。

(3)在研究过程中，基于用户行为分析角度构建了在线旅游用户模型，得到了在线旅游用户画像完整的标签体系，并在实验数据的支撑下，发现已有个性化推荐方法之于在线旅游实际业务场景的局限，最终，提出加入情境感知过滤技术对个性化推荐方案予以完善与补充。

(4)在研究结果上，对提出的经过混合改进后的在线旅游个性化推荐方案进行了效果评价，认为该方案具备显著的可行性与优化能力，验证了情景感知因素是在线旅游个性化推荐过程中不可忽视的行为变量，对其进行条件筛选与过滤能显著提升个性化推荐方案的解释效率。

8.4　局限性与展望

详细、细致的在线旅游个性化推荐方案及策略研究是一项开创性的系统工作，其工作量很大，研究任务艰巨。本研究立足在线旅游用户行为分析视角，对在线旅游个性化推荐方案及策略进行了研究，并取得了一定进展，但受限于时间、精力、数据资料收集及研究人员学术水平等，本研究依然存在一些不足，具体如下。

(1)本研究数据来源为在线平台网站，主要数据收集为 pc 端，但在实际中，在线旅游用户很大程度上会利用移动端电子设备开展在线旅游行为，而不同终端设备的选取在用户行为信息数据的收集上存在差异。在后续研究中，理应将其考虑为用户模型构建的影响因素，进而开展更加全面完整的用户行为研究。

(2)在对确立的在线旅游个性化推荐方案予以效果评估的过程中，本研究采用了目前主流的效果评估指标，其本身不够成熟，将不可避免对本研究的推荐方案评估效果产生一定影响。在后续研究中，效果评估指标还应符合以下标准：第一，覆盖率指标可细化为预测覆盖率、推荐覆盖率及种类覆盖率等；第二，对于用户较偏好的产品，在其评价指标的设置上应赋予较高权重；第三，预测覆盖率指标应在一定程度上与预测准确率指标结合起来进行评价，以降低评估的片面性。

(3)在对在线旅游个性化推荐策略的研究中，本书主要提出了三个方向，但在具体内容上，还有较大空间可供展开。在用户价值评估方面，如何综合考虑各项指标，建立合理的用户周期价值模型；如何进一步对基于用户生命周期来计算用户流失率的理论与假设进行验证；在社群商业化的企业利润递延方面，如何依据忠诚理论对具体的指标进行精确度量等，都将是对本研究内容的拓展与深化。

参考文献

艾瑞咨询．2014 年中国在线旅游用户行为研究报告简版[R]．北京：艾瑞咨询，2014：1－20.

艾瑞咨询．2016 年中国网络社群研究报告[R]．北京：艾瑞咨询，2016：1－18.

毕继东．网络口碑对消费者购买意愿影响实证研究[J]．情报杂志，2009.28(11)：47－54.

布海乔，张佳云，高媛．基于用户评分与用户特征相结合的混合推荐算法[J]．山东农业大学学报(自然科学版)，2014：39－42.

曾凡斌．大数据对媒体经营管理的影响及对应分析[J]．产业论坛，2013：122－134.

曾小波，魏祖宽，金在弘．协同过滤系统的矩阵稀疏性问题的研究[J]．计算机应用，2010：30(4)：1079－1082.

晁夕．用互联网思维看旅游社发展趋势[J]．中国旅游研究院，中国旅游科学年会论文集．中国旅游研究院：2014：5.

陈天骄，胥正川，黄丽华．情景感知服务的用户接受模型研究[J]．科学进步与对策，2007：24(2)：142－147.

陈志辉，陈小春．旅游信息学[M]．北京：中国旅游出版社，2003：68－79.

付业勤，王新建，郑向敏．基于网络文本分析的旅游形象研究——以鼓浪屿为例[J]．旅游论坛，2012，4：59－66.

顾梁，杨鹏，罗军舟．一种播存网络环境下的 UCL 协同过滤推荐算法[J]．计算机研究与发展，2015，52(2)：475－486.

顾忠君．情境感知计算[J]．华东师范大学学报(自然学科)，2009，09(5)：1－20.

何军，周明天．信息网络中的信息过滤技术[J]．系统工程与电子技术，2001，11：76－79.

姜虎．理性看待互联网思维[N]．中国信息化周报，2014，03：10024.

赖其勋，邴杰民，李雅雯．务质量与购后行为意图关联研究——以台中百货业为例[J]．企业管理学报，2001，49：135－158.

李聪，梁昌勇，马丽．基于领域最近邻的协同过滤推荐算法[J]．计算机研究与发展，2008，45(9)：1532－1538.
李君轶，杨敏．西安国内游客旅游网络信息搜索行为研究[J]．经济地理，2010，30(7)：12－16.
李君轶，张柳，孙九林，等．旅游信息科学：一个研究框架[J]．旅游学刊，2011，6：72－79.
李仁杰，路紫．旅游个性化推荐服务的未来发展：时空一体化[J]．旅游学刊，2011，26(10)：82－88.
李勇．智能检索中基于本体的个性化用户建模技术及应用[D]．长沙：国防科学技术大学，2002：34－41.
梁明英．旅游信息传递方式对游客行为模式影响的调查分析[J]．泰山学院学报，2007，29(1)：101－105.
梁旭，黄明．现代智能优化混合算法及其应用[M]．北京：电子工业出版社，2011：252－269.
林鸿飞，王剑峰．基于合作模式的文本过滤模型[J]．小型微型计算机系统，2001，22 (11)：1372－1374.
林鸿飞，杨元生．用户兴趣模型的表示与更新机制[J]．计算机研究与发展，2002，39(7)：1124－1143.
刘建国，周涛，江秉宏．个性化推荐系统的研究进展[J]．自然科学进展，2009，19(1)：1－15.
柳传志．互联网思维与传统产业创新[J]．唯实(现代管理)，2014，07：46－47.
路海明，卢增祥，李衍达．基于多 Agent 混合智能实现个性化网络信息推荐[J]．计算机科学，2000，27(7)：32－34.
路紫，李彦丽．北京旅游在线服务满意度的供需差研究[J]．经济地理，2005，35(5)：732－735.
吕洋洋，白凯．旅游交易网站消费者评价维度研究——以携程网为例[J]．旅游科学，2014，28(2)：49－60.
马丹丹，甘利人，岑咏华．个体认知偏好对知识分级推荐服务的影响研究[J]．情报学报，2014，33(7)：712－729.
孟祥武，胡勋，王立才，等．移动推荐系统及其应用[J]．软件学报，2013，24(1)：91－108.
欧洁，林守勋．个性化智能信息提取中的用户兴趣发现[J]．计算机科学，2001，28(3)：112－115.
屈册．基于网络文本分析的旅游世界建构对比研究——以平遥古城为例[J].

北京第二外国语学院学报，2014，3：69－79.
王立才，孟祥武，张玉洁．上下文感知推荐系统[J]．软件学报，2012，1(23)：1－20.
王鹏，王晶晶，俞能海．基于核算法的 User－Based 协同过滤推荐算法[J]．计算机研究与发展，2013，50(7)：1444－1451.
王亚峰．信息技术对旅游者消费行为影响的研究[J]．内蒙古大学学报(社会科学版)，2010，42(2)：102－106.
吴茂英，黄克己．网络志平息：智慧旅游时代的应用与创新[J]．旅游学刊，2014，29(12)：66－74.
吴思．旅游产业信息化创新的理论与实践研究[M]．武汉：武汉大学出版社，2010：133－145.
吴英鹰．大数据北京下旅游企业网络营销创新——基于 AISAS 消费者行为分析[J]．中国商贸，2013，35：107－108.
徐凤苓，孟祥武，王立才．基于移动用户上下文相似度的协同过滤推荐算法[J]．电子与信息学报，2011，11(33)：2785－2789.
徐翔，王煦法．协同过滤算法中的相似度优化方法[J]．计算机工程，2010，36(6)：52－54.
徐振宁，张维明，陈文伟．基于 Ontology 的智能信息检索[J]．计算机科学，2001，28(6)：21－26.
薛薇，陈欢歌．Clementine 数据挖掘方法及其应用[M]．北京：电子工业出版社，2010：242－269.
闫海艳，吴文智．大数据在地方旅游公共信息服务中的应用探究[J]．中国商贸，2014，32：109－111.
杨文漪，叶丹，肖波，等．情景感知系统的数据挖掘模型研究[C]．第 31 届中国控制会议，2012：3789－3793.
应晓敏．面向 Internet 个性化服务的用户建模技术研究[D]：[博士]．长沙：国防科学技术大学，2003：56－58.
张阳，孙海滨，吴钢等．从运营商的角度看 O2O 生态体系布局[J]．通信企业管理，2015，01：68－71.
赵亮，胡乃静，张守志．个性化推荐算法设计[J]．计算机研究与发展，2002，39(8)：986－991.
中国互联网络信息中心．第 39 次中国互联网络发展状况统计报告[R]．北京：中国互联网络信息中心，2017：47－55.
周晶晶．在线客户评论对消费者购买决策的影响力研究[D]：[硕士]．杭州：

浙江大学，2009：47－58.

朱婕，靖继鹏．网络环境下信息需求及其实现的技术规定性层面[J]. 情报科学，2004，1：37－41.

朱运海．论通往诗意栖居的旅游[J]. 中国旅游报，2016，B2.

A. Garcia Crespo，J. Chamizo，et al. SPETA：Social pervasive e-Tourism advisor [J]. Telematics and Informatics. 2009，26：306－315.

A. Leohardi，U. Kubach，et al. Virtual information tower-A metaphor for intuitive，Location-aware information access in a mobile environment [A]. In：Proceedings of the Third International Symposium on Wearable Computers [C]. IEEE Computer Society. 1999.

Ado M G，Tuzhilin A. Using Data Mining Methods to Build Customer Profiles [J]. IEEE Computer，2001：74－82.

Ajzen I. The Theory of Planned Behavior [J]. Organizational Behavior and Human Decision Processes，1991，50(2)：179－211.

Alain Decropa，DirkSnelders. A grounded typology of vacation Decision-making [J]. Tourism Management，2005，26(2)：121－132.

Alfred K. User Modeling in Dialog Systems：Potentials and Hazards [J]. AI&Society，1990. 4(3)：214－240.

Angelis M D，Bonezzi A，Peluso A M，et al. On Braggarts and Gossips：A Self-enhancement Account of Word－of－mouth Generation and Transmission [J]. Journal of Marketing Research，2012，49(4)：551－563.

Baek H，Ahn J H，Choi Y. Helpfulness of Online Consumer Reviews：Readers' Objectives and Review Cues [J]. International Journal of Electronic Commerce，2012，17(2)：99－126.

Bailey A A. Consumer Awareness and Use of Product Review Websites [J]. Journal of Interactive Advertising，2005，6(1)：90－108.

Bam shad. Discovery and Evaluation of Aggregate Usage Profiles for Web Personalization [J]. Data Mining and Knowledge Discovery，2002，6(1)：61－82.

Blackwell，R. D.，& Paul W. M.，& James F. E. Consumer Behavior，9th Ed，Harcount [M]，Inc.，2001.

Bollacher K. D.，Lawrence S.，Giles C. L. Discovering Relevant Scientific Literature on the Web [R]. IEEE Intelligent Systems，March/April 2000：42－47.

Bonacin R，Baranauskas MCC，Liu K，Sun L，et al. Norms-based Simulation for Personalized Service Provision[J]. Semiotica，2009，175(1－4)：403－428.

Brown B. Beyond Recommendations: Local Review Web Sites and Their Impact [J]. ACM Transactions on Computer - Human Interaction, 2012, 19(4): 39 - 59.

Buhalis D, Law R. Progress in information technology and tourism management: 20 years on and 10 years after the Internet the state of eTourism research [J]. Tourism Management, 2008, 29(4): 609 - 623

Byun H. E and K. Cheverst. Exploiting User Models and Context-Awareness to Support Person Daily Activities [A]. User Modelling for Context-Aware Applications[C], 2001, Sonthofen, Germany.

Byun, H. E & Cheverst, K. Utilizing context history to provide dynamic adaptations [J]. Applied Artificial Intelligence, 2004, 18: 533 - 548.

Byyn, H. E. & K. Cheverst. Harnessing Context to Support Proactive Behaviours [A]. Workshop in ECAI2002 on AI in Mobile Systems[C]. Lyon, France, 2002: 50 - 57.

Chen L, Sycara K. Web Mate: A Personal Agent for Browsing and Searching [R]. In proceedings of the 2nd international conference on autonomous agents and multi agents systems. Minneapolis, MN, May 10 - 13, 1998.

Chen Yen, Harper, et al. Social Comparisons and Contributions to Online Communities: A Field Experiment on Movielens [J]. The American Economic Review, 2010, 100(4): 1358 - 1398.

Chiu DKW, Leung HF, Lam KM. On the making of service recommendations: An action theory based on utility, reputation, and risk attitude [J] . Expert Systems with Applications, 2009, 36 (2): 3293 - 3301.

Christiansen T, Tax S S. Measuring word of mouth: the questions of who and when? [J] . Journal of Marketing Communications, 2000, 6(3): 185 - 199.

Chul Woo Yooa, G. Lawrence Sanders, and Junghoon Moon. Exploring the Effect of e-WOM Participation on e-Loyalty in e-Commerce [J]. Decision Support Systems, 2013, 55(3): 669 - 678.

Claudio Bettini & Oliver Brdiczka, et al. A survey of context modelling and reasoning Techniques [J]. Pervasive and Mobile Computing. 2010, 6: 161 - 180.

Daniela. A survey of context modelling and reasoning techniques [J]. Pervasive and Mobile Computing . 2010, 6: 161 - 180.

Datta P R, Chowdhury D N, Chakraborty B R. Viral marketing: new form of word - of - mouth through internet [J]. The Business Review, 2005, 3(2): 69 - 75.

Davis F D. Perceived usefulness, perceived ease of use, and user acceptance of information technology [J]. MIS Quarterly, 1989, 13 (3): 319 - 340.

Dellarocas C, GAO G, Narayan R. Are Consumers More Likely to Contribute Online Reviews for Hit or Niche Products [J] . Journal of Management Information Systems, 2010, 27(2): 127 - 158.

Dellarocas C. The digitization of word of mouth: promise and challenges of online feedback mechanisms [J] . Management Science, 2003, 49 (10): 1407 - 1424.

Dou X, Walden J A, Lee S, et al. Does Source Matter? Examining Source Effects in Online Product Reviews [J]. Computers in Human Behavior, 2012, 28(5): 1555 - 1563.

Doug R. Introduction: Personalized Views of Personalization [J] . ACM Computer, 2000. 43(8): 26 - 28.

Eagly, H. , &Chaiken, s. The Psychology of Attitudes [M]. San Diego. CA: Harcourt Brace Janovich, 1992.

Engel, J. F. , Blackwell, R. D. & Miniard, P. W. Consumer Behavior (6th Ed) [M]. San Francisco: Wads worth Publishing, 1994.

Engel, J. F. , Miniard, P W. And Blackwell, R. D. Consumer Behavior, 7th Ed [M]. Chicago Dryden, 1993.

Esbensen H. Computing near-optimal solutions to the Steiner problem in a graph using agenetic algorithm [J]. Networks, 1995, 26 (4): 173 - 185.

Fishbein, Ajzen, I. Taking and Information Handling in Consumer Behavior. Boston [J] . Graduate School of Business Administration, Harvard University, 1975: 176 - 210.

Fodness D, Murray B. A model of tourist information search behavior [J]. Journal of Travel Research, 1999, 37(3): 220 - 231.

Fodness D, Murray B. A model of tourist information search behavior [J]. Journal of Travel Research, 1999, 37(3): 220 - 231.

Goldberg D, Nichols D, Oki B M, et al. using collaborative filtering to weave an information tapestry[J] . Communications of the ACM, 1992, 35(12): 61 - 70.

Goldsmith R E, Horowitz D. Measuring Motivations for Online Opinion Seeking [J]. Journal of Interactive Advertising, 2006, 6(2): 1 - 16.

Gopinath S, Thomas J S, Krishnamurthi L. Investigating the Relationship

Between the Content of Online Word of Mouth, Advertising, and Brand Performance[J]. Marketing Science, 2014, 33.

Halpin, T. A. Information Modeling and Relational Databases: Form Conceptual Analysis to Logical Design [M]. Morgan Kaufman Publishers, San Francisco, 2001.

Hanson W. Principles of Internet Marketing [J] . South-Western College Publishing, Cincinnati, 2000, 67.

Harrison-Walker L. J... E-complaining: A Content Analysis of an Internet Complaint Forum [J]. Journal of Services Marketing, 2001, 15(5): 397 - 412.

Hennig T T, Gwinner K P, Walsh G. Electronic word - of - mouth via consumer-opinion platforms: what motives consumers to articulate themselves on the Internet [J]. Journal of Interactive Marketing, 2004, 18 (1): 38 - 52.

Hennig T T, Walsh G. Electronic word - of - mouth: motives for and consequences of reading customer articulations on the Internet [J]. International Journal of Electronic Commerce, 2003, 8(2): 51 - 74.

Hennig-Thurau T, Gwinner K P, Walsh G, et al. Electronic Word of Mouth Via Consumer-opinion Platforms: What Motivates Consumers to Articulate Themselves on the Internet [J]. Journal of Interactive Marketing, 2004, 18(1): 38 - 52.

Ho - Dac N N, Carson S J, Moore W L. The Effects of Positive and Negative Online Customer Reviews: do Brand Strength and Category Maturity Matter [J]. Journal of Marketing, 2013, 77 (6): 37 - 53.

Hu N, Koh N S, Reddy S K. Ratings Lead You to the Product, Reviews Help You Clinch It? The Mediating Role of Online Review Sentiments on Product Sales [J]. Decision Support Systems, 2014(57): 42 - 53.

Huang P, Lurie N H, Mitra S. Searching for Experience on the Web: An Empirical Examination of Consumer Behavior for Search and Experience Goods [J]. Journal of Marketing, 2009, 73(2): 55 - 69.

Internet World Stats. 全球及亚洲互联网普及率 [2016]. http: //www. internetworldstats. com/stats. htm.

Jongyi Hong, Eui - Ho Suh, et al. Context - aware system for proactive personalized service Based on context history [J]. Expert Systems with Applications. 2009, 36: 7448 - 7457.

Kautz H, Selmaa B, Shah M. Referral Web: Combining Social Networks and Collaborative Filtering [J]. Communications of the ACM, March 1997, 40 (3): 63 - 65.

Kim E E K, Mattila A S, Baloglu S. Effects of Gender and Expertise on Consumers' Motivation to Read Online Hotel Reviews [J]. Cornel Hospitality Quarterly, 2011, 52(4): 399 - 406.

Kim S J, Wang R J H, Maslowska E, et al. "Understanding A Fury in Your Words": The Effects of Posting and Viewing Electronic Negative Word - of - mouth on Purchase Behaviors[J]. Computers in Human Behavior, 2016 (54): 511 - 521.

Konstan J. A, Miller B. N, Maltz D, et al. GroupLens: Applying Collaborative Filtering to Usenet News [J]. Communications of the ACM, March 1997, 40(3): 77 - 87.

Lieberman H. Letizia: an Agent that Assists Web Browsing [J]. In the International Joint Conference on Artificial Intelligence. 1995. Montreal.

Lin&Lu. Towards an Understanding of the Behavioral Intention to Use a Website [J]. International Journal of Information Management, 2000 (20): 197208.

Linden G, Smith B, York J. Amazon. com recommendations: Item-to-item collaborative filtering [J]. Internet Computing, IEEE, 2003, 7(1): 76 - 80.

Luca M. Reviews, Reputation, and Revenue: the Case of Yelp. Com[R]. Harvard Business School NOM Unit Working Paper, 2011 (12 - 016).

Ludwig S, De Ruyter K, Friedman M, et al. More Than Words: the Influence of Affective Content and Linguistic Style Matches in Online Reviews on Conversion Rates [J]. Journal of Marketing, 2013, 77(1): 87 - 103.

Luo M, Feng R, Cai L A. Information search behavior and tourist characteristics [J]. Journal of Travel&Tourism Marketing, 2004, 17(2 - 3): 15 - 25.

McCarthy J. Notes on formalizing context [A]. In Proceeding of the Thirteenth International Joint Conference on Artificial Intelligence. San Mateo[C] California, 1993: 555 - 560.

Mobasher B. , Cooley R. , Srivastava J. Automatic Personalization based on Usage Mining [J]. Communications of the ACM, 2000, 43(8): 142 - 151.

Mooew G M. Predictability and Helpfulness in Online Reviews: the Role of

Explained Actions and Reactions [J]. Journal of Consumer Research, 2015, 42: 30 - 44.

Mudambi S M, Schuff D. What Makes A Helpful Review? A Study of Customer Reviews on Amazon. Com [J]. MIS Quarterly, 2010, 34(1): 185 - 200.

Muniz Jr AN M, Schau H J. Religiosity in the Abandoned Apple Newton Brand Community [J]. Journal of Consumer Research, 2005, 31(4): 737 - 747.

Narisra Limtanakool, Martin Dijst, Tim Schwanen. The influence of socioeconomic characteristics, land use and travel time considerations on mode Choice for medium - and longer - distance trips [J]. Journal of Transport Geography, 2006, 14(5): 327 - 341.

Oh H, Animesh A, Pinsonneault A. Free Versus For - A - Fee: the Impact of a Paywall on the Pattern and Effectiveness of Word of Mouth via Social Media [J]. MIS Quarterly, 2016, 40(1).

Ohbyung Kwon, Jihoon Kim. Concept lattices for visualizing and generating user profiles for context - aware service recommendation [J]. Expert Systems with Application, 2009, 36: 1893 - 1902.

Pan B, Fesenmaier D R. Online information search: Vacation planning process [J]. Annals of Tourism Research, 2006, 33(3): 809 - 832.

Pazzani M, Billsus D, Learning and Revising User Profiles: The Identification of Interesting Web Sites Machine Learning [J]. MIS Quarterly, 1997. 27: 313 - 331.

Peng C H, Yin D Z, Wei C P, et al. How and When Review Length and Emotional Intensity Influence Review Helpfulness: Empirical Evidence from Epinions. com [C]. Thirty Fifth International Conference on Information Systems, 2014.

Picazo - Vela S, Chou S Y, Melcher A J et al. Why Provide An Online Review? An Extended Theory of Planned Behavior and the Role of Big - five Personality Traits [J]. Computers in Human Behavior, 2010(26): 685 - 696.

Raitz K, DakhilM. A note about information sources for preferred recreational environments [J]. Journal of Travel Research, 1989, 27 (1): 45 - 49.

Rajiv Badi. Soonil Bae. Recognizing User Interest and Document Value from Reading and Organizing Activities in Document Triage[C]. In: Proceedings of the Fifteenth National Conference on Artificial Intelligence. Madison,

WI, AAAI Press 1998.

Ribeiro C C, Souza M C. Tabu serach for the Steiner problem in graphs [J]. Networks, 2000, 36: 138 - 146.

Rucker J, Polanco M. J. Siteseer: Personalized Navigation for the Web[C]. Communications of the ACM, 1997, 40(3): 73 - 75.

Sameer Hosany, Girish Prayag. Patterns of tourists' emotional responses, Satisfaction, and intention to recommend [J]. Journal of Business Research, Journal of Business Research, 2013, 66(6): 730 - 737.

Schindler R M, Bickart B. Perceived Helpfulness of Online Consumer Reviews: the Role of Message Content and Style [J]. Journal of Consumer Behavior, 2012(11): 234 - 243.

Schul P, Crompton J L. Search behavior of international vacationers: travel - specific lifestyle and socio demo—graphic variables [J]. Journal of Travel Research, 1983, 22 (3): 25 - 31.

Schwab L, Kobsa A, Koychev I. Learning about User from Observation [J]. In AAAI Spring Symposium on Adaptive User Interface. 2000. Standord, California: AAAI Press.

Schwab L., Pohl W., Kovchev I. Learning to Recommend from Positive Evidence. In: Proceedings of the International Conference on Intelligent User Interface [J]. New York: ACM Press, 2000: 241 - 247.

Sheldon P J. Tourism Information Technology [M]. Oxon: CAB International, 1997. 42

Shen W, Hu Y J, Rees J. Competing for Attention: an Empirical Study of Online Reviewers' Strategic Behaviors [J]. MIS Quarterly, 2015, 39(3): 683 - 696.

Si, H., Kawahara, Y., et al. Stochastic approach for creating context - aware service based on context histories in smart home [A]. In Proceedings of exploiting context histories in smart Environments (ECHISE)' 05 [C], 2005: 3480 - 3495.

SnepengerD, Meged K, SnellingM, WorrallK. Information Search Strategies by Destination - Native Tourists [J]. Journal of Travel Research, 1990, 29(1): 13 - 16.

Soo Cheong, J., & Billy B., &Clark, H., & Chi-Mei, E., Wu. Affect Travel Motivation, and Travel Intention: a Senior Market [J] Journal of

Hospitality & Tourism Research, 2009, 33(1), 51-73.

Sun T, Youn S, wu GH, et al. Online word-of-mouth: an exploration of its antecedents and consequences [J]. Journal of Computer-Mediated Communications, 2006, 11(4): 1104-1127.

Tarak Chaari. A comprehensive approach to model and use context for adapting applications in pervasive environments [J]. The Journal of Systems and Software. 2007, 80: 1973-1992.

Terveen L, Hill W, Amento B, et al. A System for Sharing Recommendations. Communications of the ACM, 1997, 40(3): 59-62.

Tsang A S L, Prendergast G. Is a "Star" Worth a Thousand Words [J]. European Journal of Marketing, 2009, 43(11/12): 1269-1280.

Tzturk, P. and Aamodt, A. Towards a model of context for case-based diagnostic problem solving [A]. In Context-97; Proceedings of the interdisciplinary conference on modeling and using Contest[C]. 1997: 198-208.

Vogt C A, Fesenmaier D R. Expanding the functional information search [J]. Annals of Tourism Research, 1998 25(3): 551-578.

Wang CH. Outlier Identification and Market Segmentation Using Kernel-based Clustering Techniques [J]. Expert Systems with Applications, 2009, 36(2): 3744-3750.

Ye S, Gao G D, Viswanathan S. Strategic Behavior in Online Reputation System: Evidence from Revoking on eBbay [J]. MIS Quarterly, 2014, 38(4): 1033-1056.

Yin D Z, Bond S, Zhang H. Anxious or Angry? Effects of Discrete Emotions on the Perceived Helpfulness of Online Reviews [J]. MIS Quarterly, 2014, 38(2): 539-560.

Yin D Z, Mitra S, Zhang H. Research Note—When Do Consumers Value Positive vs. Negative Reviews? An Empirical Investigation of Confirmation Bias in Online Word of Mouth [J]. Information Systems Research, 2016: 1526-5536.

Zhang J, M Wedel, R Pieters. Sales Effects of Visual Attention to feature ads: A Bayesian Mediation Analysis [J]. Journal of Marketing Research, 2009, 46(5) 669-681.

Zheng X, Gretzel U, Fesenmaier D R. Semantic representation of tourism on the internet [J]. Journal of Travel Research, 2009, 47 (4): 440-454.